親が亡くなる前に知るべき
相続の知識
相続・相続税の傾向と対策

遺言のすすめ

【著者】
税理士　馬場一徳
行政書士　竹内　豊

税務経理協会

はじめに

 平成25年度の税制改正では相続税の非課税ラインが引き下げられることになり、相続税の問題はお金持ちだけの関心事ではなくなりました。
 しかし本当は、相続税が改正される前から相続はお金持ちだけの問題ではありませんでした。相続でもめるのは親の財産の多寡には関係ありません。むしろ、遺産が少ない場合の方が準備不足のまま相続を迎えることが多いために、かえって親族間でもめることが多いのです。いわば相続ならぬ「争族」です。

 この本は親が亡くなる前に子どもが知っておきたい相続の税務と法務の知識をまとめたものです。直近の税法の改正を踏まえた相続税、親が亡くなった後にあわてないための相続対策の仕方、そして親の相続を円満に迎えるために必要な民法の遺言・相続の知識についてやさしく書かれています。特に第3章の「遺言の話」は皆様にぜひ実践していただきたいものです。

 相続はけっして親まかせにするべきではありません。遺産が少額であればあるほど、子

どもが主体的に取り組んでいかなければならないものです。親が亡くなった後も親族みんながハッピーでいられるように、この本をご活用いただければ幸いです。

平成25年7月

馬場 一徳

竹内 豊

目次

はじめに

序章 9分でわかる、相続・相続税・遺言のイロハ

1 相続の法務と税務のイロハ 2
2 相続は事前に準備をすることが大切 13
　相続の法律と税金のカレンダー 4

第1章 親が死ぬ前に知っておかなければいけない「相続税」の話

1 平成25年度税制改正で相続税はこんなに変わる 20
2 税制改正で相続税は誰にでもかかる税金になった 28
3 相続税を申告しなければならないのはこんな場合 33
4 非課税ライン（基礎控除額）はこう計算する 37
5 相続税の計算の仕方を知る 39
6 財産はこうやって評価する 50

i

7 知らないではすまされない小規模宅地等の特例 64
8 相続税は「誰が」「いつ」「どこへ」申告するのか 71
9 相続税の申告には税務調査がつきもの 75
10 うちの相続税はいくら？
 〜簡便法によるシュミレーションのすすめ 77
11 相続税対策の基本は2つある 87

第2章 親が死ぬ前に知っておかなければいけない「相続」の話

相続とは 118
1 親の相続は「いつ」始まって「何が」起きるのか 120
2 親の相続人に「だれ」がなるのか（「相続人」の話） 122
3 親の何を相続するのか（「相続財産」の話） 129
4 親の財産をどれだけ相続するのか（「相続分」の話） 132
5 親の相続における、子どもの3つの選択権 137
6 親の遺産分け「2つの鉄則」と「4つの方法」 142
7 親の相続で、"争族"に巻き込まれる子ども、ベスト10

目次

第3章 親が死ぬ前に知っておかなければならない「遺言」の話

1 遺言とは 162
2 親の遺言書があるとなぜいいのか 165
3 遺言書の種類と特徴 171
4 自筆証書遺言の作り方 177
5 公正証書遺言の作り方 189
6 親が遺言書を残した後に注意すること 200
7 遺言を執行する方法 205

Column

相続のことを考えるときは、相続税のことも考慮する 31
「生命保険に関する権利」ってナニ? 60
住宅ローンは債務控除の対象にならない? 62
マンションの評価はどのようにするか 84
同一生計とはなにか 91
老人ホームに入ると小規模宅地等の特例が受けられない?! 93

iii

相続税対策のために遺言状が必要な場合 102

親は子どもから相続権を奪うことができる（「廃除」について） 128

香典は相続財産か 131

遺留分を侵害した遺言書は無効か 135

親の遺産の見つけ方のコツ 148

親が厳しいと"争族"になりやすい?! 160

増える「家族会議型遺言」 169

ペットに財産を残せるか（負担付遺言について） 188

公正証書遺言が無効になることがある 194

親は子どもから相続の話題を切り出してくれることを待っている 208

Words
この本が読みやすくなる基本用語 14
知っておくと役に立つ戸籍用語 126
相続で押さえておきたい用語 210

iv

序章
9分でわかる、相続・相続税・遺言のイロハ

> 親が亡くなったら、どんなことをしなければいけないのか——。亡くなった後の10か月間に相続に関して子どもがやらなければいけないことを簡単にまとめました。

1. 相続の法務と税務のイロハ

いつかは訪れる親の死。誰よりも身近な親の死はとても悲しいものです。

しかし、親の死は「相続」が絡むために、子どもはいつまでも感傷にひたっているわけにはいきません。

「相続」とは、親が亡くなった場合に、子どもなどの相続人等が親の財産や借金などの権利義務を、一部の例外を除いてすべて引き継ぐことです。そして、子どもが引き継いだ財産が一定の金額以上であれば、相続税が課税されることになります。

相続は、民法と相続税法という二つの法律が関係します。子どもは、それまで法律になじみがなかったとしても、親の死によって突然これらの法律に直面することになるのです。

筆者も経験がありますが、親が亡くなって悲しんでいることを許されるのは、亡くなってからせいぜい一週間くらいまで。その後は、さまざまな法律関係の手続きやお金の整理などの現実的な「作業」に忙殺されることになります。

もし親が亡くなったら、どんな手続きが必要になるのでしょうか？

法務と税務という二つの切り口から、相続の手続きに関するタイムスケジュールを概観

序章　9分でわかる、相続・相続税・遺言のイロハ

してみることにしましょう。

(1) 親が亡くなった日から一週間

親が亡くなると、通夜・葬儀の準備をしなければなりません。実はこの葬儀をするにも、法律的な手続きが必要になります。

まず、死亡を診断した医師から **「死亡診断書」** をもらいます。この診断書は「死亡届」と一体になっていますので、これを埋火葬許可申請書とともに市町村役場に提出し、「火葬許可証」を受け取ります。この許可証を火葬場に提出してはじめて遺体を火葬することができるようになります。

火葬の後、火葬場からお骨といっしょに **「埋葬許可証」** を受け取ります。この「埋葬許可証」は、お寺や霊園に納骨をする際に提出をします。

葬儀をすると、さまざまな支出があります。葬儀社に支払う葬儀費用などの領収書・明細書はすべて保管します。また、僧侶に支払うお布施や戒名料などのように通常、領収書をもらえないものも支払った相手先・金額を必ずメモして保管しておきます。妻や子などの相続人が後日、遺産分けをする際の計算や相続税の申告に、これらの金額が必要になるからです。

のカレンダー」

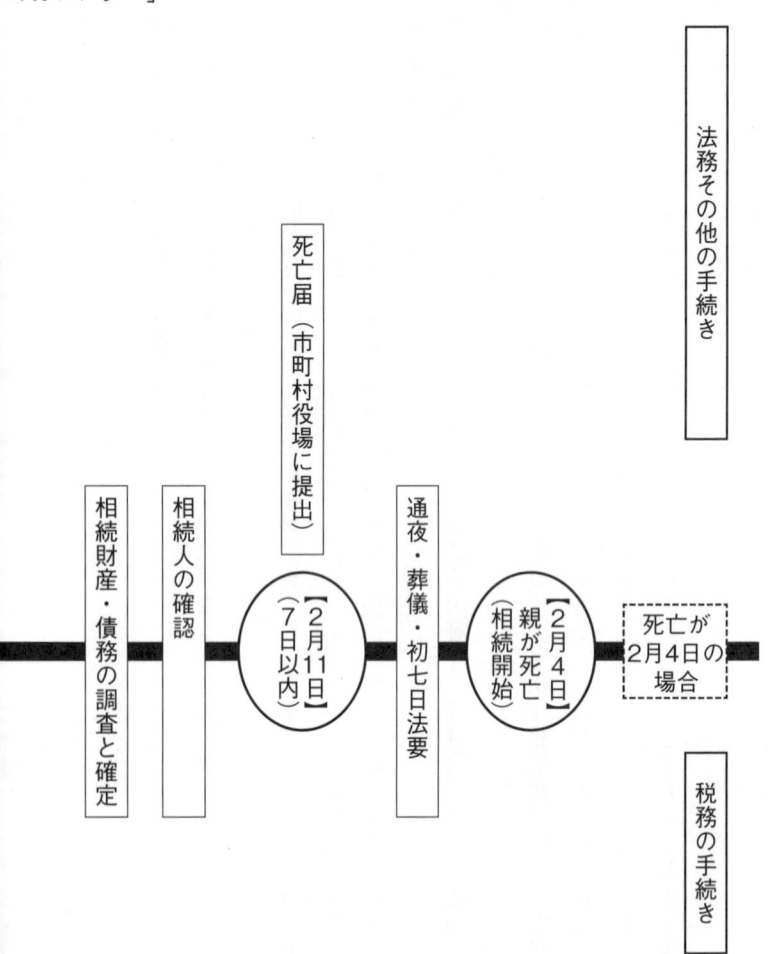

序章　9分でわかる、相続・相続税・遺言のイロハ

「相続の法律と税金

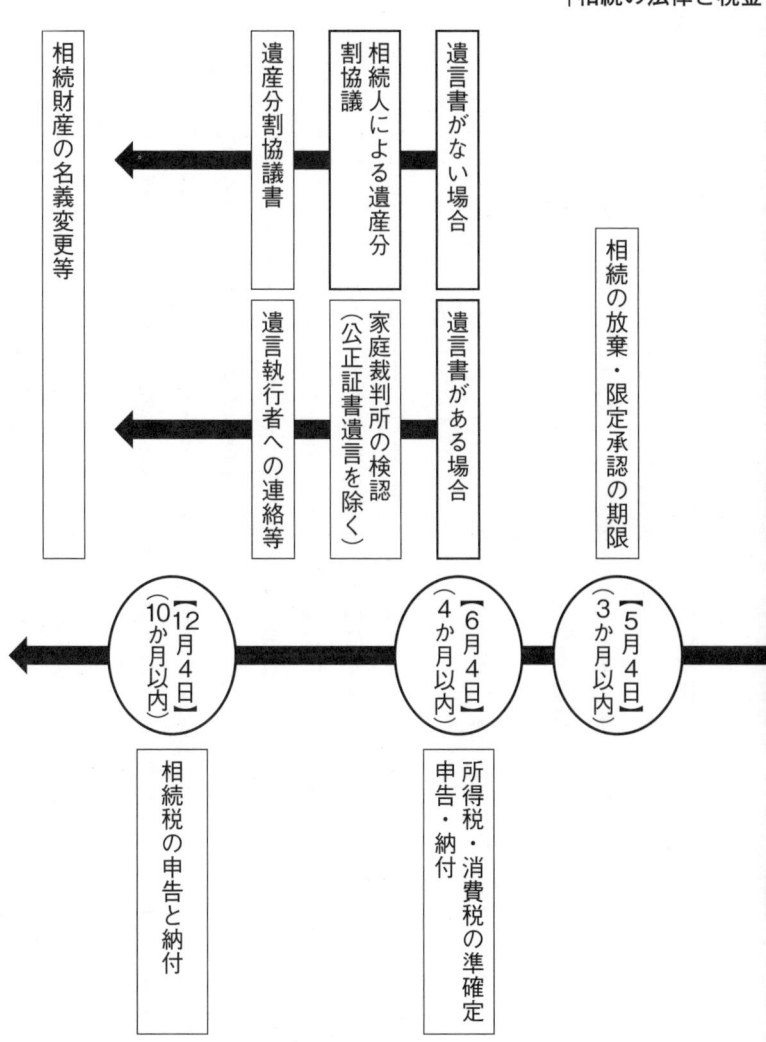

(2) 親が亡くなってから3か月目まで

親が亡くなってから3か月の間に、親の財産や借金がどれくらいあるのかを調べ、財産の一覧（**財産目録**）を作成します。

相続は、基本的には親の権利・義務をすべて引き継ぐことを意味します。土地や家屋、預金などの財産を引き継ぐことができる一方で、親が銀行から借り入れをしていた場合などは、この借入金の返済も引き受けることになります。

また、親が会社のオーナー社長だった場合などは、会社の借入金の連帯保証人を社長個人が引き受けていることもよくあります。そういう場合には、相続人は連帯保証人としての立場も引き継ぐことになり、もし会社が借入金を返済できない場合には、その返済は相続人が引き受けることになります。ですから、親の借入金、連帯保証などのマイナスの遺産を調べるのはとても重要なことです。

もし、親の遺産を調べたところ、借金などが預金や土地・家屋などの財産よりも多かった場合はどうすればいいのでしょうか？

この場合は、民法で定められた手続きを踏めば、**相続を放棄することもできます**。親と子（あるいは配偶者）は近しいとはいえ、別個の人間です。親や配偶者の遺した借金を子などが必ず引き継がなければならないとしたら、酷なこともあるでしょう。ですから、民法の規定によって、相続人は相続を放棄することも認められているのです。

6

序章　9分でわかる、相続・相続税・遺言のイロハ

相続の放棄とは、相続人が亡くなった人の財産、借金、権利、義務をすべて放棄して、一切引き継がないことです。借金が財産よりも多い場合には、相続の放棄も検討してみる必要があります。もちろん、検討した結果、相続の放棄をしなければ、子が親の借金を引き継ぐことになります。

気をつけなければいけないのは、この**相続の放棄には、期限が決められている**ことです。親が亡くなってから原則として3か月以内（厳密には、自分のために相続のあったことを知った日から3か月以内）に家庭裁判所に相続放棄の申述をする必要があります。

ですから、**財産目録の作成は、この手続きに間に合うように3か月以内に行うようにする必要があります**。

3か月以内に、相続の放棄やこの後に述べる限定承認の手続きをしなかった場合には、親の権利・義務をすべて引き継いだものとみなされます。これを**単純承認**といいます。なお、亡くなってから3か月以内であっても、親の財産を処分するなどの行為をしてしまうと、単純承認したものとみなされて、相続の放棄も限定承認もできなくなってしまいますので、要注意です。

限定承認というのは、親にどの程度の借金があるのか分からないが、財産が残る可能性もあるときなどに、妻や子などの相続人が、相続で取得した財産の限度で亡くなった親の借金の負担を受け継ぐことです。限定承認の手続きはやや複雑ですので、専門家に依頼す

7

ることをおすすめしますが、相続の放棄と同様、親が亡くなってから原則として3か月以内に家庭裁判所に申述する必要があります。

☞ ここがポイント！　預金口座の凍結

親が亡くなると、妻や子などの相続人は、亡くなった親の預金口座のある銀行に亡くなった旨を連絡します。

この連絡を受けると、銀行では、一部の相続人が勝手に預金を引き出したりすることができないようにするため、その預金口座を凍結します。「凍結」とは預金の引き出しや預け入れなどの資金の移動が一切できないようにすることです。水道光熱費の自動引き落とし等もできなくなりますので注意が必要です。

預金口座の凍結を解除するには、各銀行で定めている手続きをする必要があります。「相続人の全員」が誰であるかを確認するために親が生まれてから死ぬまでの戸籍謄本と、相続人全員の実印のある分割協議書、印鑑証明書等が必要になるのが普通です。いずれにしても、各銀行に事前に確認しておく必要があります。

8

序章　9分でわかる、相続・相続税・遺言のイロハ

(3) 親が亡くなってから4か月目まで

親が亡くなってから4か月以内に、**親の所得税の申告書を提出**します。親が個人事業をしていた場合には、消費税の申告をしなければならない場合もあります。

これを**「準確定申告」**といいます。準確定申告は、亡くなった年分の申告だけでなく、亡くなった年の前年分の申告も必要になる場合があります。これは、亡くなった時期が1月から3月までの間だった場合には、前年分の申告をまだ済ませていない場合があるため、この場合は亡くなった年分（当年1月から亡くなった日までの分）とその前年分（前年1月～12月分）の申告をする必要があるからです。

所得税の準確定申告は、申告をすることによって税金が戻ってくる場合には申告をするメリットがあります（申告の義務はありません）。申告をすることによって税金の還付があった場合には、その還付金は親の遺産として、相続人間の遺産分けの対象になります。

反対に納税額が生じる場合には、準確定申告をすることが義務になります。納税額は、親のマイナスの財産として、こちらもまた遺産分け（相続人の誰が負担するか）の対象になります。

(4) 親が亡くなってから10か月目まで

親が亡くなってから10か月以内に相続税の申告をする必要があります。

相続税の申告をする場合には、相続税は遺産をたくさん引き継いだ人がそれに応じてたくさん課税されることになりますから、遺産分けをしてから、それに基づいて相続税の申告をするのが基本です。ですから、相続税の申告をする場合には、申告期限の10か月以内に遺産分けをどうするか決めるのが普通です。

遺産分けをする場合、もし親の遺言があるときはそれに従うのが大原則です。基本的には、親の遺言がない遺産についてのみ、相続人の間で協議して決めることになります。民法には「遺留分」という考え方もありますが、それについては後述します。

遺言には、親がすべて自筆で遺言書を書く自筆証書遺言、二名の証人の立ち会いのもとで公証人の前で親が遺言の内容を口述し、それをもとに公証人が作成する公正証書遺言、また、これらの中間的なものとして内容を秘密にしたまま遺言の存在のみを公証人に証明してもらう秘密証書遺言があります。

詳細は後述しますが、一般的には、公正証書遺言が手間や費用はかかるものの、遺言書を公証人役場が保管してくれるなどの点で安全性が高いといわれています。

自筆遺言証書の場合には、亡くなった後、家庭裁判所に検認という手続きを申請し、内容の確認をします。公正遺言証書の場合はこの検認の手続きは不要です。

一方、遺言がない場合には、相続人で話し合い、誰がどの遺産を引き継ぐのか協議して決めます。相続はこの協議の場面においてもっともモメやすくなります。よく相続なら

10

序章　9分でわかる、相続・相続税・遺言のイロハ

ぬ「争族」といわれるゆえんです。

遺産分けでは、財産だけでなく、借金などのいわばマイナスの財産についても誰が引き継ぐのか決めなければなりません。目ぼしい財産が親の住宅だけというような場合は、一つの住宅を複数の相続人で「切って」分けるわけにはいきませんので、誰か一人がその住宅を引き継ぐようにしない限り、法律上は相続人全員でその住宅を所有（共有といいます）しているという状態になります。

場合によっては、相続人の一人がその親の住宅に住み続けながら、他の相続人の暗黙の了解のもと、法律上の手続きは行わずに放置してしまうケースもたまに見かけます。

こうした場合、法律上は、その住宅はすべての相続人の共有となってしまいます。**共有されている不動産は、権利を持っている相続人全員の合意がないかぎり売却するなどの処分行為は一切できなくなります**。しばらくの間はいいのですが、代がかわってさらに次の世代になると、法律上の所有権者が何十人にもなり、権利関係が複雑になってしまって、もはやその住宅は手の付けようのない不動産になってしまうこともあります。

ですから、相続があった場合も不動産に関する権利関係はなるべく単純にしておくのが望ましいのです。

そこで、遺産分けのときに、一人の相続人がその住宅を引き継いで、その代わりに他の相続人になにがしかのお金を支払ったり、その住宅を売って、お金に換えてから相続人で

11

分けたりすることも検討します。前者を**代償分割**、後者を**換価分割**といいます。

ところで、前述のとおり、相続税の申告は、申告書を税務署に提出するのも、相続税を納付するのも、その期限は原則として親が亡くなってから10か月以内です。遺産分けの協議がもし10か月以内にまとまらない場合でも、誰が相続するか決まっていない財産も相続人全員が共有で取得したことにして相続税の申告はしなければなりません。しかし、その場合、税務上の特例が使えないことにより、多額の相続税を払わなければならなくなることがあります。

したがって、特に相続税の申告をする場合には、**親の遺産をどのように分けるかを決める期限は、亡くなってから10か月というのが一つの目安**になります。

遺産分けの内容が決まったら、**遺産分割協議書**を作成します。協議書にはすべての相続人が自署し、実印を押印します。遺産分割協議書は、相続税の申告をする場合には、税務署に印鑑証明書とともに、このコピーを提出しなければなりません。また、亡くなった親の預金口座を名義変更したり、解約したり、あるいは不動産の名義変更をする手続きなどにも、この協議書が必要になります。

12

序章　9分でわかる、相続・相続税・遺言のイロハ

2. 相続は事前に準備をすることが大切

これまで説明してきたのは、親が亡くなってから後のことです。

しかし、相続は親が生きているうちに準備をしておけば、払わなくてもいい余計な相続税を子どもが払わなくてすんだり、あるいは、しなくてもいい余計な苦労を子どもがせずにすんだり…ということが多々あります。

この本でお伝えしたいのは、「親が亡くなった後のこと」ではなく、「親が亡くなる前のこと」です。**親が生きているうちに、かしこく相続の準備をしておくことがいかに大切か**ということ、この本がお伝えしたいことはこれに尽きます。

親が亡くなる前に相続の準備をするのが大切なのはなぜなのか、親が生きているうちに準備をしておくことでどんなトク・メリットがあるのか、そして、どんな準備をしておけばいいのかについては、次ページ以後でご説明することにしましょう。

16 Words この本が読みやすくなる基本用語

(1) 相続編

① 相続
被相続人(死亡した人)の財産を承継すること。

② 法定相続
法律があらかじめ定めた相続人に死亡した者の財産を承継させること。なお、財産に関して遺言を優先し、遺言がない場合に、法定相続になる。

③ 法定相続人
法律で定められた死亡した者の財産(権利・義務)を引き継ぐ権利のある人。

④ 被相続人
死亡した人のこと

序章　9分でわかる、相続・相続税・遺言のイロハ

⑤ 相続の開始

相続は人の死亡によって開始する（民法882条）。人が死亡すれば、その瞬間に相続人について相続が開始し、遺産は相続人による共有になる（民法898条）。

⑥ 代襲相続

被相続人（死亡した人）の死亡以前に、相続人となるはずだった子や兄弟姉妹が死亡等を理由に相続権を失ったとき、その者の直系卑属がその者に代わって、その者の受けるべき相続分を相続する。このことを代襲相続という（民法901条）。

⑦ 遺産分割

遺産の相続人間の共有関係を解消し、個々の遺産を各相続人の単独の所有に還元すること。遺産分割の話合いを「遺産分割協議」という。遺産分割協議を成立させるためには相続人全員の参加と全員の合意が求められる（民法907条）。

(2) 遺言編

⑧ 遺言

人の最終の意思表示について、その人の死後に効力を生じさせる制度のこと。遺言は法定相続に優先する（民法902条）。

⑨遺言者

遺言を残す人、または残した人

⑩遺言能力

遺言の内容を理解し、遺言の結果を弁職できるレベルの意思能力のこと。遺言能力は遺言書を作成するときに備わっていなければならない（民法963条）。

⑪自筆証書遺言

遺言者が、その全文、日付および氏名を自書（自分で書くこと）して、これに印を押して作成する遺言書のこと（民法968条）。手軽に作成できるのが長所。しかし、紛失、偽造・変造や隠匿・破棄などのおそれがある。さらに、遺言者が法的不備な遺言書を残したために、遺言書の有効・無効をめぐる争いが生じることがある。また、遺言者が死亡して遺言を執行する前に、家庭裁判所で検認をしなければならない。

⑫公正証書遺言

遺言者が公証役場に行くか、公証人に出張を求めて、公証人に作成してもらう遺言のこと。遺言作成には証人2人以上（通常2名）の立会いが必要。原本は公証役場に保管されるため紛失、偽造・変造や隠匿・破棄などのおそれがない。遺産の額や遺言の内容に応じて公証役場に手数料を支払う。なお、検認をする必要がない。

序章　9分でわかる、相続・相続税・遺言のイロハ

⑬ 遺言の効力の発生

遺言は、遺言者の死亡のときからその効力を生ずる（民法985条）。そのため、遺言者が遺言に記した不動産等を売却などして処分しても法的な問題はない。

⑭ 遺言執行者

相続財産の管理その他遺言の執行に必要な一切の行為をする権利義務を有する者のこと（民法1012条）。遺言で遺言執行者を指定することができる（民法1006条）。遺言で遺言執行者が指定されていると、金融機関等の手続がすみやかにできる。

⑮ 公証役場

公証人が執務するところで全国約300か所ある。それぞれの役場の名称については、地名の後に「公証役場」「公証人役場」というものが多いが、「公証人合同役場」「公証センター」というものもある。

⑯ 公証人

実務経験を有する法律実務家の中から、法務大臣が任命する公務員で、公証役場で執務している。その多くは、司法試験合格後司法修習生を経た法曹有資格者から任命される。そのほか、多年法務事務に携わり、これに準ずる学識経験を有する者で、検察官・公証人特別任用等審査会の選考を経た者も任命できることになっている。

17

第1章 親が死ぬ前に知っておかなければいけない「相続税」の話

税制改正により、これからは資産家でなくても相続税がかかるようになります。
相続税がかかるかどうかはどうやって知ればよいのか、相続税がかからないようにするにはどうすればよいのか…。
親が死ぬ前にこれだけは知っておきたいという相続税の基礎知識です。

1. 平成25年度税制改正で相続税はこんなに変わる

相続税は、相続や遺贈によって財産を取得した場合に、その取得した財産に課税される国の税金です。

そのルーツは、1904年の日露戦争の戦費を調達するために、明治政府が設けた税金と言われています。ですから、今ある税金の中でも大変に古い税金です。

とはいえ、一般の人にとって相続税というのはあまりなじみの深い税金とはいえないかもしれません。「うちは相続税なんか関係ない。相続税はお金持ちの税金でしょ?」とか、「うちはただのサラリーマン家庭だから相続税は関係ないよ」という方が多くいます。

実際、相続税はこれまで「お金持ちの税金」といわれてきました。たしかに国税庁の統計（平成22年）をみても、相続税の申告は全国で年間約5万件しかなく、これは亡くなった人の数と比較すると、全体の4・2％程度つまりごく一部の資産家しか相続税の申告をしていない勘定です。

しかし、わが国の方針としては、今後は資産家だけでなく、より広い層に相続税を課していこうと考えているようで、**最近の税制の改正により相続税の性格も変わってきていま**

第1章　親が死ぬ前に知っておかなければいけない「相続税」の話

【相続税はこんな税金】

誰が課税するの？	国が課税します。相続税に関し相談をしたり、申告をしたりする窓口は被相続人の住所地を管轄する税務署です。
何に対して課税されるの？	被相続人の遺産を相続・遺贈によって取得した場合に、その**取得した財産に対して課税**されます。
誰に課税されるの？	被相続人の遺産を相続した**相続人**と遺言により遺産の遺贈を受けた人（**受遺者**）です。
いつ申告・納税するの？	**亡くなった日から10か月以内**に、被相続人の住所を管轄する税務署に申告書を提出して、その申告書の提出期限までに税金を納めます。

平成25年度税制改正では、相続税が課税されない**非課税ライン（基礎控除額といいます。）**が現行の60％に縮小されることになりました。この改正は平成27年1月1日以後の相続から適用されます。

基礎控除額とは、遺産がこの金額以下なら相続税を課税しないという非課税枠です。たとえば、妻と子ども2人が相続人になる場合（法定相続人が3名の場合）の基礎控除額は現行の税制では8,000万円です。つまり、遺産が8,000万円までは原則として相続税が課税されません。しかし、平成27年1月1日以後の相続については、この基礎控除額は4,800万円に引き下げられることになっています。相続税というのは、金銭で評価できる財産なら何でも課税の対象になりますので、もちろん住まいに

21

【主な相続税の改正(平成25年度)】

	改正前	改正後
非課税ライン(基礎控除額)の引き下げ	相続税が非課税となる金額(基礎控除額)が引き下げられます。 5,000万円+1,000万円×法定相続人の数	3,000万円+600万円×法定相続人の数
税率の引き上げ	最高税率など適用税率の一部の区分で税率が引上げられます。 (課税価格2億円～3億円の税率) 40% (課税価格6億円超の税率) 50%(最高税率)	(課税価格2億円～3億円の税率) 45% (課税価格6億円超の税率) 55%(最高税率)
未成年者控除額の増額	未成年者控除額が増額されます。 [控除額]6万円×(20歳になるまでの年数)	[控除額]10万円×(20歳になるまでの年数)
障害者控除額の増額	障害者控除額が増額されます。 (一般障害者の控除額) 6万円×(85歳になるまでの年数) (特別障害者の控除額) 12万円×(85歳になるまでの年数)	(一般障害者の控除額) 10万円×(85歳になるまでの年数) (特別障害者の控除額) 20万円×(85歳になるまでの年数)
小規模宅地等の特例の見直し【適用対象面積】	小規模宅地等の特例が以下のように見直されます。 (居住用宅地の適用限度面積) 240m² (特定事業用等宅地等との併用の場合の取扱い)	(居住用宅地の適用限度面積) 330m² (特定事業用等宅地等との併用の場合の取扱い)

第1章　親が死ぬ前に知っておかなければいけない「相続税」の話

	調整計算をした上で両方あわせた最大適用面積は400m²	それぞれの限度面積まで適用可能。 両方あわせた最大適用面積は730m²（居住用330m²＋事業用400m²）
特例の適用要件緩和①【二世帯住宅の取扱い】	二世帯住宅は、住宅内部で互いに行き来ができるような構造でなければ、「同居」とは認められない。(特例適用不可)	建物の構造上の要件を撤廃され、二世帯住宅で、住宅内部が独立した構造になっていても、「同居」と認められる。
特例の適用要件緩和②【老人ホームに入所した場合の取扱い】	老人ホームに入所した場合は、基本的に住居を移転したものとして取り扱われ、特定居住用宅地等の特例の適用を受けられない。	老人ホームに入居したことにより、被相続人の居住の用に供されなくなった家屋の敷地は、次の要件が満たされれば、被相続人の居住用供されていたものとして取り扱われ、他の要件を満たせば特定居住用宅地等の特例の適用を受けられる。 ・被相続人に介護が必要なため入所したものであること。 ・被相続人の住宅は貸付け等の用途に供されていないこと。

※1　上記の改正は平成27年1月1日以後の相続から適用されます。ただし小規模宅地等の特例の改正のうち二世帯住宅の取扱い、老人ホームに入所した場合の取扱いについては平成26年1月1日から適用されます。
※2　改正後の税率による相続税の速算表は46ページにあります。
※3　上記以外に、いわゆる事業承継税制の見直し等が行われていますが、本書では割愛します。

も課税されます。4,800万円というと、地価の高い都市部に住宅を持っていれば、それだけで超えてしまいそうな金額です。

そのほか、相続税の税率についても最高税率の引き上げなどが実施されます。

👉 ここがポイント！　相続税はどれぐらいかかるのか

相続税はどれぐらいかかるのでしょうか？

相続税の額を決めるのは言うまでもなく遺産の額ですが、もう一つ相続人の数によっても相続税額は変わってきます。

遺産の額が同じでも、配偶者がいた方が配偶者の税額軽減という特例があるため相続税が少なくてすみます。また、相続人の数が多い方が基礎控除額が増えますので、やはり相続税額が少なくなります。

さらに、相続税は超過累進税率ですので、財産の額が多くなればなるほど、財産の額に対する相続税の負担割合は上がっていきます。

次ページの表は、相続人の色々なケースについて、遺産の総額に応じて相続税（合計額）がいくらかかるかを試算したものです。

各相続人は法定相続分に応じて財産を取得するものとして計算しています。上段が改正前

（平成26年まで）、下段が改正後（平成27年以後）です。

たとえば、相続人が配偶者と子ども1人の場合、遺産総額が2億円ですと、平成26年まで（改正前）の相続の場合は、1,250万円、平成27年以後（改正後）は、1,670万円の相続税がかかります。420万円もの増税となるわけです。

相続税額の概算額】

(単位:万円)

| 子1人(配偶者なし) || 子2人(配偶者なし) || 子3人(配偶者なし) ||
相続税総額	負担割合	相続税総額	負担割合	相続税総額	負担割合
0	0.0%	0	0.0%	0	0.0%
600	6.0%	350	3.5%	200	2.0%
2,000	13.3%	1,200	8.0%	900	6.0%
3,900	19.5%	2,500	12.5%	1,800	9.0%
5,900	23.6%	4,000	16.0%	3,000	12.0%
7,900	26.3%	5,800	19.3%	4,500	15.0%
12,300	30.8%	9,800	24.5%	7,700	19.3%
17,300	34.6%	13,800	27.6%	11,700	23.4%
22,300	37.2%	17,800	29.7%	15,700	26.2%
27,300	39.0%	22,100	31.6%	19,700	28.1%
32,300	40.4%	27,100	33.9%	23,700	29.6%
37,300	41.4%	32,100	35.7%	27,700	30.8%
42,300	42.3%	37,100	37.1%	31,900	31.9%

相続税額の概算額】

(単位:万円)

| 子1人(配偶者なし) || 子2人(配偶者なし) || 子3人(配偶者なし) ||
相続税総額	負担割合	相続税総額	負担割合	相続税総額	負担割合
160	3.2%	80	1.6%	20	0.4%
1,220	12.2%	770	7.7%	630	6.3%
2,860	19.1%	1,840	12.3%	1,440	9.6%
4,860	24.3%	3,340	16.7%	2,460	12.3%
6,930	27.7%	4,920	19.7%	3,960	15.8%
9,180	30.6%	6,920	23.1%	5,460	18.2%
14,000	35.0%	10,920	27.3%	8,980	22.5%
19,000	38.0%	15,210	30.4%	12,980	26.0%
24,000	40.0%	19,710	32.9%	16,980	28.3%
29,320	41.9%	24,500	35.0%	21,240	30.3%
34,820	43.5%	29,500	36.9%	25,740	32.2%
40,320	44.8%	34,500	38.3%	30,240	33.6%
45,820	45.8%	39,500	39.5%	35,000	35.0%

第1章 親が死ぬ前に知っておかなければいけない「相続税」の話

【平成26年までの】

遺産総額	配偶者と子1人 相続税総額	負担割合	配偶者と子2人 相続税総額	負担割合	配偶者と子3人 相続税総額	負担割合
5,000万円	0	0.0%	0	0.0%	0	0.0%
1億円	175	1.8%	100	1.0%	50	0.5%
1億5,000万円	600	4.0%	463	3.1%	350	2.3%
2億円	1,250	6.3%	950	4.8%	812	4.1%
2億5,000万円	2,000	8.0%	1,575	6.3%	1,375	5.5%
3億円	2,900	9.7%	2,300	7.7%	2,000	6.7%
4億円	4,900	12.3%	4,050	10.1%	3,525	8.8%
5億円	6,900	13.8%	5,850	11.7%	5,275	10.6%
6億円	8,900	14.8%	7,850	13.1%	7,025	11.7%
7億円	11,050	15.8%	9,900	14.1%	8,825	12.6%
8億円	13,550	16.9%	12,150	15.2%	11,075	13.8%
9億円	16,050	17.8%	14,400	16.0%	13,325	14.8%
10億円	18,550	18.6%	16,650	16.7%	15,575	15.6%

【平成27年からの】

遺産総額	配偶者と子1人 相続税総額	負担割合	配偶者と子2人 相続税総額	負担割合	配偶者と子3人 相続税総額	負担割合
5,000万円	40	0.8%	10	0.2%	0	0.0%
1億円	385	3.9%	315	3.2%	263	2.6%
1億5,000万円	920	6.1%	748	5.0%	665	4.4%
2億円	1,670	8.4%	1,350	6.8%	1,218	6.1%
2億5,000万円	2,460	9.8%	1,630	6.5%	1,800	7.2%
3億円	3,460	11.5%	2,860	9.5%	2,540	8.5%
4億円	5,460	13.7%	4,610	11.5%	4,155	10.4%
5億円	7,605	15.2%	6,555	13.1%	5,963	11.9%
6億円	9,855	16.4%	8,300	13.8%	7,838	13.1%
7億円	12,250	17.5%	10,870	15.5%	9,885	14.1%
8億円	14,750	18.4%	13,120	16.4%	12,135	15.2%
9億円	17,250	19.2%	15,435	17.2%	14,385	16.0%
10億円	19,750	19.8%	17,810	17.8%	16,635	16.6%

2. 税制改正で相続税は誰にでもかかる税金になった

平成25年度の税制改正のうち特に非課税ラインの引き下げは、**都市部に不動産を持つ人に大きな影響を与えると言われています**。今後は、被相続人が資産家でなくとも、比較的地価の高い地域に自宅（家屋とその敷地）を所有しているというだけで相続税がかかってしまう可能性があるからです。

たとえば、人口88万人（これは23区で最大の人口です）の東京都世田谷区の場合をみてみましょう。

相続税評価のための路線価は、世田谷区役所の周辺ですと45万円／m^2（平成24年分）程度です。役所の周辺とはいえ、閑静な住宅街で、特に開けた繁華街というわけではありません。

仮に、この近辺に80m^2の宅地を所有しているとすると、相続税評価額は45万円×80m^2＝3,600万円もの金額になります。その敷地に建っている住宅の固定資産税評価額が仮に600万円で、ほかに預貯金が1,000万円あるとすると、これだけで合計5,200万円です。

第1章　親が死ぬ前に知っておかなければいけない「相続税」の話

【世田谷区役所周辺に自宅があった場合の相続税（相続人：子ども2人）】

財　産	宅地（100m²）	3,600万円
	家屋	600万円
	預貯金	1,000万円
	合計	5,200万円

項　目	税制改正前	税制改正後
基礎控除額（非課税ライン）	7,000万円	4,200万円
課税遺産総額	0	1,000万円
相続税額 （小規模宅地等の特例の適用なし）	0	100万円
相続税額 （小規模宅地等の特例の適用あり）	0	0

相続税の非課税ライン（基礎控除額）は、相続人が子ども2名の場合、税制改正前は7,000万円でしたが、税制改正後は4,200万円に下がります。このため、課税価格が5,200万円だと、この非課税ラインを突破してしまいます。つまり、**普通の人が23区内に不動産を所有しているだけで、相続税が課税される可能性があるわけです。**

それでは、相続税はいくらかかるかといいますと、非課税ラインの4,200万円を超える部分の1,000万円に対して10％の相続税がかかります。

10％といっても、1,000万円×10％＝100万円にもなりますか

ら、めぼしい財産が住宅だけという場合には、住宅を取得した相続人の方は急に100万円を支払えと言われても困ってしまうかもしれません。

相続税の怖さはここにあります。所得税や法人税は稼いだ所得（もうけ）に対して税金が課せられるので、「もうけ」によって手元の資金に余裕が出てくることも多いのですが、相続税の場合は、取得した財産に対して課税されるので、資金に余裕があるとは限らないのです。親の遺産が現金や預金ならば、その中から相続税を納付すればいいのですが、住宅や非上場会社の株式などが相続財産だった場合には、換金しにくかったり、場合によって換金できなかったりということも多く、**突然降って沸いたような相続税に途方にくれてしまうことにもなりかねません。**

キーポイントは、**誰でも所有している住まいに関する相続税の特例が適用できるかどうか**です。相続税には、**亡くなった親や夫が住んでいた住宅の敷地の評価額を減額できる特例**が設けられており、これを「**小規模宅地等の特例**」といいます。

親（被相続人）の所有している住宅の敷地（宅地）にこの特例が適用できる場合には、評価額を80％ディスカウントできることになっていますので、相続税額がかなり圧縮されます。右の例でも、4,500万円×80％＝3,600万円をディスカウントできれば、宅地の評価額はたったの900万円に圧縮され、相続税は発生しません。

小規模宅地等の特例の適用を受けるためには、宅地の生前の利用状況や死亡後の取得者

第1章 親が死ぬ前に知っておかなければいけない「相続税」の話

や利用状況等について、特例の適用を受けるための条件（これを「要件」といいます）が詳細に定められています（69頁参照）。

特に生前の土地の利用状況については、事前によく検討して特例の適用要件を満たせるようにしておかないと、亡くなった後で「小規模宅地等の特例」の適用を受けられないということにもなりかねません。

今後は、相続のことを考える場合には、相続税のことも考慮して、事前に準備しておくことが必要です。相続のことを事前によく検討しておかないと、いざ相続が発生した時になって、多額の相続税がかかることが分かり、結局は不動産を手放さなければならなくなったり、相続人が相続税の支払いのために借金を背負わざるを得なくなったりして、亡くなった親の遺志にそぐわないことになることもあるからです。

Column

相続のことを考えるときは相続税のことも考慮する

今後、相続のことを検討するときは、相続税のことも考慮する必要があります。ポイントは次の二つです。

第一に、税制改正によって**相続税は資産家に限らず誰にでもかかる可能性がある**税金になりました。親が生きているうちに親の財産がどれだけあるのかを把握し、相続税がかかるのかどうかを知っておく必要があります。

第二に、もし相続税がかかりそうなら、**相続税を減らすための対策**を検討しておきたいところです。特に不動産を所有しているのであれば、親の存命中に「小規模宅地等の特例」を適用できるようにしておきます。

相続税法の改正が実施されるまで、あと2年です。制度の改正によって相続税がかかるようになりそうな人は、その2年間で以上のような検討を行う必要があります。

第1章　親が死ぬ前に知っておかなければいけない「相続税」の話

3. 相続税を申告しなければならないのはこんな場合

相続税の申告をしなければいけないのは、相続税がかかる場合です。

相続税がかからない場合には、基本的には相続税の申告はしません。「基本的には」というのは、**相続税がかからないのに相続税の申告をしなければならない場合がある**からです。それは、相続税の申告をすることが条件になっている特例の適用をしたことによって相続税がゼロになるケースです。この場合は、税務署に相続税の申告（相続税ゼロの申告）をしなければなりません。

たとえば、前述の**「小規模宅地等の特例」**は、**相続税の申告をしないと適用を受けることができません**。ですから、この特例の適用を受けた結果として相続税がかからなくなるとしても、相続税の申告自体はしなければならないのです。

このような相続税の申告を必要とする特例で代表的なものとしては、ほかに配偶者の税額軽減（配偶者控除）（48ページ参照）があります。

多くの人にとっては、たとえ税金がかからないとしても相続税の申告をするというのは相当の負担になります。もし申告をするとなれば、相続税の計算の仕方や申告書の書き方

33

を勉強しなければなりませんし、申告の期限も守らなければなりません。それだけではありません。申告をした後には、もしかしたら税務署の調査もあるかもしれません。ですから申告が必要なのかどうかは、とても重要なことです。

ここがポイント！　相続税はこういう場合にかかる

● 相続税がかからない場合とはどういう場合か

相続税がかからない場合というのは、どういう場合でしょうか？
大きく分けて2つあります。

① **財産の金額が非課税ライン以下の場合**
この場合は、基本的には相続税はかかりませんし、相続税の申告も不要です。
ただし、厳密にいうと、遺産の分割のしかたによっては相続税がかかる場合もあります。
次の「非課税ライン以下でも相続税がかかる場合がある」をお読みください。

② **相続税の申告をすれば相続税がかからなくなる場合**
小規模宅地等の特例や配偶者の税額軽減などの適用を受けるためには、相続税の申告をしなければなりません。これらの特例を適用した結果として相続税がかからなくなるとしても、相続税の申告は必要になります。

34

第1章　親が死ぬ前に知っておかなければいけない「相続税」の話

● 非課税ライン以下でも相続税がかかる場合がある

どの解説書を読んでも、財産の合計額が基礎控除額（非課税ライン）以下であれば相続税はかからない、と書いてあります。

しかし、実をいうと厳密には必ずしもそうとはいえません。

たとえば、以下の例では、財産と債務が同額の1億円あり、両方を相殺すれば正味財産は0で、したがって基礎控除額以下です。ですから、普通なら相続税はかかりません。

しかし、仮にこのケースで、子Aが裕福だったなどの事情があって、遺産分割協議により負債を子Aにだけ負わせ、財産を子Bにだけ取得させるような相続の仕方をしたとします。

そうすると、子Bに相続税がかかってしまうことになるのです。これは子Aが取得したマイナスの財産（負債）は、相続税の計算上はマイナスの金額ではなく、ゼロとして扱われてしまうため、子Bのプラスの正味財産だけが課税財産として残ってしまうからです。

これは極端な例ですが、遺産分けを検討する際には、相続税のことも考慮しなければ、余計な相続税がかかってしまうこともあるので注意が必要です。

（単位：万円）

【遺産】	財産10,000　負債△10,000　正味財産0
【基礎控除額】	7,000
【相続人　子A】	相続した財産0　承継した負債△10,000
【相続人　子B】	相続した財産10,000　承継した負債0
	相続税額　500

【うちは相続税がかかるのか・判定フロー】

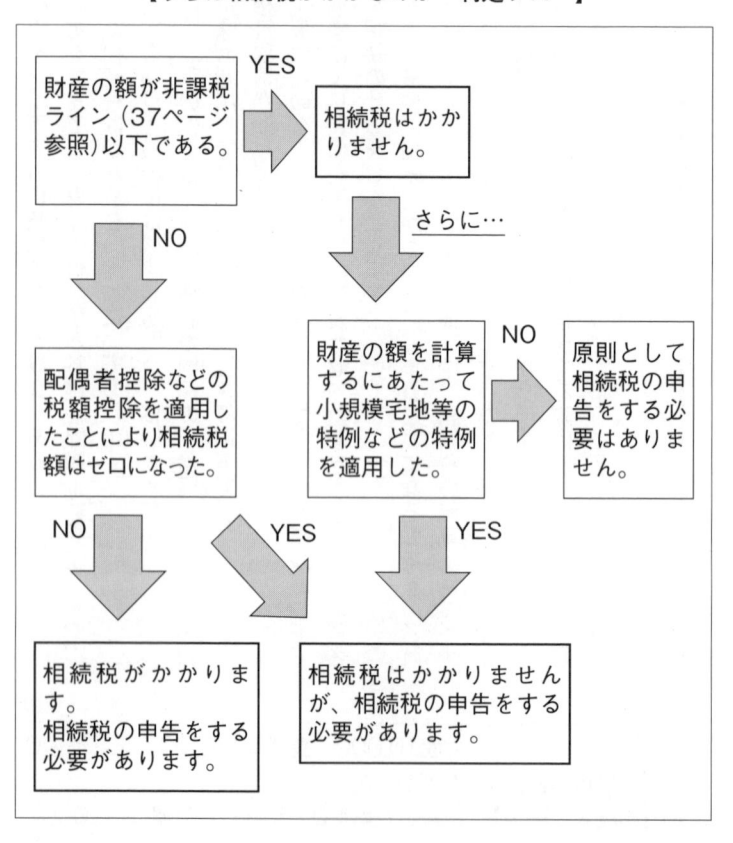

```
財産の額が非課税ライン（37ページ参照）以下である。
  ├─ YES → 相続税はかかりません。
  │         └─ さらに…
  │            財産の額を計算するにあたって小規模宅地等の特例などの特例を適用した。
  │              ├─ NO → 原則として相続税の申告をする必要はありません。
  │              └─ YES → 相続税はかかりませんが、相続税の申告をする必要があります。
  └─ NO → 配偶者控除などの税額控除を適用したことにより相続税額はゼロになった。
            ├─ NO → 相続税がかかります。相続税の申告をする必要があります。
            └─ YES → 相続税はかかりませんが、相続税の申告をする必要があります。
```

第1章 親が死ぬ前に知っておかなければいけない「相続税」の話

4. 非課税ライン（基礎控除額）はこう計算する

相続税の非課税ラインは「財産の額がここまでだったら相続税はかからない」というラインですが、正式には「遺産にかかる基礎控除額」といいます。

基礎控除額は次の算式で計算します。

[非課税ライン（基礎控除額）]
平成26年まで（改正前） 5,000万円＋1,000万円×（法定相続人の数）
平成27年から（改正後） 3,000万円＋ 600万円×（法定相続人の数）
※ 改正後は改正前の60％に減額されます。

たとえば、被相続人に妻が1人、子どもが2人いたとすると、改正前では8,000万円、改正後の平成27年以後はその6掛けの4,800万円が基礎控除額となります。財産の額がこの金額以下であれば、基本的には相続税はかかりません。

相続税の計算に使う「法定相続人の数」は、相続の放棄をした人があっても、その放棄

37

がないとした場合の相続人の数をいいます。

なお、被相続人に養子がある場合には、「法定相続人の数」に含める養子の数は、次の人数までとなります。

① 被相続人に実子がある場合　1人
② 被相続人に実子がない場合　2人

たとえば、相続人が実子1人、養子2人であれば、相続人の数は3人ですが、法定相続人の数は2人です。また、相続人に実子がなく、養子が3人のみであれば、相続人の数は3人ですが、「法定相続人の数」は2人となります。

第1章　親が死ぬ前に知っておかなければいけない「相続税」の話

5. 相続税の計算の仕方を知る

相続税の計算は次の3つの手順で計算します。

① 亡くなった人（被相続人）の遺産を評価して集計する

最初に、**まず亡くなった人（被相続人）の遺産を財産も借金もすべて金銭で評価して、集計します。**

この計算は、財産を取得する人ごとに計算します。その取得した財産の評価額を集計し、そこから借金などのマイナスの財産や葬式費用を差し引き、亡くなった人から3年以内に受けた贈与や相続時精算課税制度の適用をして生前に受けた贈与があればこれを加算します。

もし、申告期限までに誰が取得するか決まらない財産がある場合には、相続人が法定相続分で共有している財産として加えます。

各人ごとに集計した遺産の額を「課税価格」といい、さらに、各人の課税価格を合計し、そこから基礎控除額を差し引いて、課税遺産総額を計算します。

課税遺産総額とは、要するに借金などを相殺した正味の財産のうち、基礎控除額（非課

39

【相続税の計算の3つの手順】

```
1 亡くなった人の遺産を評価して集計する（課税遺産総額の計算）
```
　　　　財産の評価は、通達で決められた方法で行います。

```
2 相続税の総額を計算する
```
　　　　法定相続人が法定相続分に応じて財産を取得したとした場合に、遺産全体に係る相続税がいくらになるか計算します。

```
3 各人の納付税額を計算する
```
　　　　誰が財産を取得したかによって調整を加え、財産を取得した人一人一人の相続税額を計算します。

【課税遺産総額の計算】

| Aの取得する財産の価額 | － | Aの負担する債務・葬式費用 | ＋ | 被相続人からAへの3年以内の贈与財産・相続時精算課税の贈与財産 | → | Aの課税価格 |

| Bの取得する財産の価額 | － | Bの負担する債務・葬式費用 | ＋ | 被相続人からBへの3年以内の贈与財産・相続時精算課税の贈与財産 | → | Bの課税価格 |

・
・
・

各人の課税価格の合計額
－
基礎控除額
＝
課税遺産総額

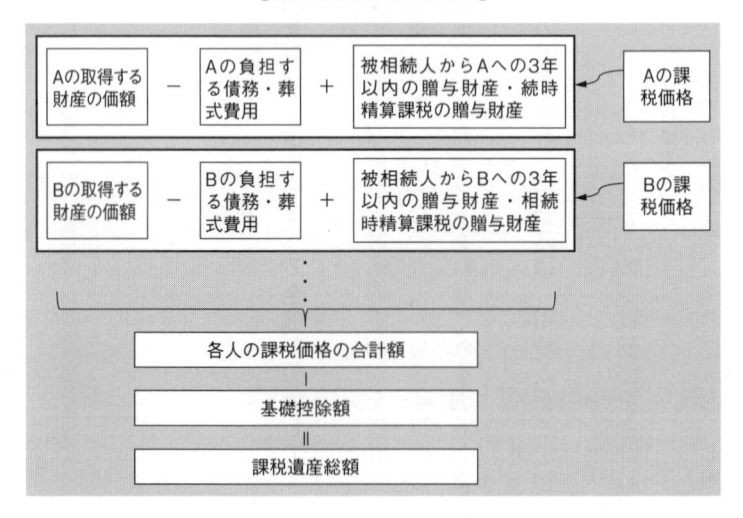

第1章 親が死ぬ前に知っておかなければいけない「相続税」の話

税ライン）を超えた部分、つまり相続税が課税される部分の金額を意味します。
相続税が課税されるのは、預金や株式のように、明らかに金銭的な価値のあるものだけでなく、家財のように現実には換金できなさそうなものも対象です。金銭的に価値を見積れるものなら、おおよそなんでも相続税の課税対象になります。
これらの財産は、**決められた方法（財産評価基本通達）によって、亡くなった日現在の時価で評価します。**なお、仏壇など法令で非課税とされているものは課税されません。

☞ ここがポイント！ 相続税が課税される財産

● 相続税が課税される財産

相続税が課税される財産には、たとえば次のようなものがあります。
土地、借地権等、家屋、森林の立木、事業用の機械・器具備品等の資産、上場株式、非上場株式、預貯金、家庭用財産、自動車、絵画等、骨董、電話加入権

また、次のようなものは、厳密には亡くなった人の遺産とはいえませんが、人の死亡が原因となって発生したものなので、相続税法上は財産とみなして、遺産に加え課税されます。これ

41

● **相続税が非課税の財産**
相続税が課税されない財産には次のようなものがあります。
死亡保険金、死亡退職金 等
墓地、仏壇等

を「みなし相続財産」と呼びます。

また、亡くなる前3年以内に、その亡くなった人から贈与を受けた財産がある場合には、その金額を遺産に加えます。

もしその財産の金額が110万円を超えている場合には、贈与を受けた年に贈与税が課税されているはずですが、亡くなる前3年以内に贈与を受けた財産については、その時に課税された贈与税を相続税に課税し直すのです。もちろん、相続税も贈与税も両方課税されるわけではないので、過去に納付した贈与税は相続税の額から差し引いてもらうことになります（ただし、相続税から控除しきれなかった贈与税があっても還付されません）。

また、相続時精算課税といって、あらかじめ贈与をする際に、将来、贈与者が亡くなった時に相続税で課税し直す（その代わり贈与税は割安になります）ことを選択して、贈与しておく制度がありますが、この相続時精算課税を選択した贈与財産も遺産に加えます。

この場合も、贈与の時に課税された贈与税は相続税を計算する際に差し引きます（相続

第1章 親が死ぬ前に知っておかなければいけない「相続税」の話

	妻	子どもA	子どもB	合　計
財産	9,000万円	2,000万円	2,000万円	1億3,000万円
借入金	△2,000万円	—	—	△2,000万円
葬式費用	△1,000万円			△1,000万円
課税価格	6,000万円	2,000万円	2,000万円	1億円

時精算課税の場合は、控除しきれなかった贈与税は還付されます）。

☞ ここがポイント！
財産からマイナスするのは債務・葬式費用・基礎控除額

簡単な設例で説明しましょう。

(例) 相続財産の額：1億3千万円、借入金（債務）：2千万円、葬式費用：1千万円
相続人：妻、子ども（A、B）2名
相続財産は上の表のように分割することになったものとします。

まず、課税価格の合計額は、財産の額から債務・葬式費用を差し引いて計算します。

43

② 相続税の総額を計算する

次に、相続税の総額を計算します。これは、**要するに亡くなった人（被相続人）の遺産全体に対してかかる相続税の額を計算しようとするもの**です。

相続税の総額は、法定相続人がそれぞれ法定相続分に応じて財産を分けたとした場合に相続税の額がいくらになるかを計算し、それを合計して算出します。たとえば、P.43の設例では、配偶者が全ての遺産を相続することになったとしても、相続税は配偶者が2分の1、

【課税価格の合計額】
（妻）6,000万円＋（子A）2,000万円＋（子B）2,000万円＝1億円

さらに、ここから基礎控除額（非課税枠）を差し引いて課税遺産総額を計算します。この設例では、課税遺産総額は2,000万円となります。

【基礎控除額】（ここでは改正前の金額を使用します）
5,000万円＋1,000万円×3人（法定相続人の数）＝8,000万円

【課税遺産総額】
1億円－8,000万円＝2,000万円

44

第1章　親が死ぬ前に知っておかなければいけない「相続税」の話

[設例]
課税遺産総額　2,000万円
法定相続人　配偶者、子ども（A、B）

配偶者の法定相続分（1/2）	子どもAの法定相続分（1/4）	子どもBの法定相続分（1/4）
2,000万円×1/2＝1,000万円	2,000万円×1/4＝500万円	2,000万円×1/4＝500万円
×税率	×税率	×税率
法定相続分に応じた税額　100万円	法定相続分に応じた税額　50万円	法定相続分に応じた税額　50万円

相続税の総額　200万円

子どもAとBが各4分の1を取得したものと仮定して計算します。

相続税の税率は、遺産の全体の金額に乗じるのではなく、各法定相続人が法定相続分で取得した場合の、個々の相続人等のいわば仮想の財産に乗じます。相続税の税率は段階的に高くなる超過累進税率ですから、この方法で計算した税額は、遺産全体に税率をかけて計算した税額よりも安くなります。

また、この計算は、法定相続人が法定相続分で財産を取得したものと仮定して計算し、また、相続の放棄があった場合もその放棄がなかったものとして計算しますので、法定相続人さえ確定すれば、実際の相続の分け方がどうであろうと、あるいは相続の放棄があろうとなかろうと、相続税の総額が変わることはありません。

【相続税の速算表】

基礎控除後の課税価格	平成26年まで（改正前）税率	平成26年まで（改正前）控除額	平成27年から（改正後）税率	平成27年から（改正後）控除額
～1,000万円	10 %	—	10 %	—
1,000万円～3,000万円	15 %	50万円	15 %	50万円
3,000万円～5,000万円	20 %	200万円	20 %	200万円
5,000万円～1億円	30 %	700万円	30 %	700万円
1億円～2億円	40 %	1,700万円	40 %	1,700万円
2億円～3億円	同上	同上	45 %	2,700万円
3億円～6億円	50 %	4,700万円	50 %	4,200万円
6億円超	同上	同上	55 %	7,200万円

※ たとえば、課税価格が4,000万円の場合の相続税は、次のように計算します。

4,000万円×20 % − 200万円＝600万円

第1章　親が死ぬ前に知っておかなければいけない「相続税」の話

③ **各人の納付税額を計算する**

各相続人等の最終的な納付税額を計算します。

まず②で計算した相続税の総額を各相続人の実際の取得財産の割合で按分して各人の納付税額を計算します。

さらに、その相続人の個別の事情を加味した税額調整を行います。この税額調整の計算には税額控除（税額をマイナス）と相続税額の加算（税額をプラス）とがあります。

(イ) **相続税額の加算（プラスの税額調整）**

相続または遺贈によって財産を取得した人が、亡くなった親の一親等の血族（父・母・子）または配偶者でない場合には、その人の相続税額は2割加算されます。たとえば、亡くなった親の孫や兄弟姉妹、祖父母等の場合は税額が2割アップします。

これは、生きている人を飛び越して財産を取得すると相続税を1回免れますし、財産を取得する必然性も低くなるから、というのが理由です。

この「一親等の血族」には代襲相続人を含み、被相続人の直系卑属でその被相続人の養子になっている者は含みません。ですから、子が親の死亡以前に死亡している場合の孫など（代襲相続人）は2割加算の対象になりません。しかし、単なる孫養子（祖父母の養子になった孫）は2割加算の対象になります。

(ロ) 税額控除（マイナスの税額調整）

相続人が妻の場合は、配偶者の税額軽減という調整計算があります。

これは、残された配偶者の老後の生活に備えるためなどの理由から、配偶者にはなるべく相続税がかからないように配慮したもので、妻が相続によって取得する財産の額（課税価格）が1億6千万円まで（この金額を超える場合は法定相続分に相当する金額まで）は相続税がかからない仕組みになっています。

そのほかにも、49ページの表に掲げるような税額控除があります。

（相続税の総額＝200万円）

配偶者の法定相続分（1/2） 200万円×1/2 ＝100万円	子どもAの法定相続分（1/4） 200万円×1/4 ＝50万円	子どもBの法定相続分（1/4） 200万円×1/4 ＝50万円

　ー

配偶者の税額軽減　100万円

　＝　　　　　　　　＝　　　　　　　　＝

配偶者の 相続税額　0	子どもAの 相続税額 50万円	子どもBの 相続税額 50万円

第1章 親が死ぬ前に知っておかなければいけない「相続税」の話

[いろいろな税額控除]

項　目	内　容
未成年者控除	満20歳未満の法定相続人の場合は、次の金額をその人の相続税額から控除できます。 6万円×(亡くなった日から満20歳に達するまでの年数(1年未満切上げ)) ※　平成27年1月1日以後の相続は6万円→10万円に改正されます。
障害者控除	日本国内に住所を有する障害者(ただし、相続開始時の年齢が70際未満に限ります)の場合は、次の金額をその人の相続税額から控除できます。 6万円(特別障害者の場合は12万円)×(亡くなった日から満85歳に達するまでの年数(1年未満切上げ)) ※　控除しきれない場合は、その超過額をその人の扶養義務者から控除できます。 ※　平成27年1月1日以後の相続は(一般障害者)6万円→10万円に、(特別障害者)12万円→20万円に改正されます。
相似相続控除	今回の相続が前の相続から10年以内の場合は、相続税を短期間に重ねて払うことになるため、軽減されます。 前回の相続時に被相続人が支払った相続税のうち、今回の相続財産に対応する金額を10年経過したらゼロになるように、経過年数に応じた期間計算した上で、今回の相続財産の割合に応じて、各相続人の相続税額から控除できます。
外国税額控除	外国にある財産を取得したため、外国で相続税に相当する税金を課された場合、日本でもその財産に相続税が課されますので、同じ財産に二重に課税されることになってしまいます。そこで、外国で課された相続税のうち一定の金額を、その財産を取得した相続人の相続税から控除することができます。
贈与税額控除	被相続人から相続前3年以内に財産の贈与を受けたことがある場合等は、その贈与を受けた財産は相続税の課税財産に加えて、贈与税ではなく相続税を課税しなおすことになっています。この場合、贈与を受けた際に支払った贈与税はその人の相続税から控除して、精算することになっています。

6. 財産はこうやって評価する

相続財産は、原則として被相続人が亡くなった日現在の時価で評価します。主な財産の評価方法は以下のとおりです。

(1) 預貯金の評価

預貯金は、原則として次のように評価します。

預貯金の評価額＝被相続人が亡くなった日現在の預入れ残高
＋亡くなった日に解約するとした場合に受け取ることができる利子の額

☞ **ここがポイント！ 名義預金とはなにか**

預貯金は、相続税の申告で一番気をつけなければならない財産です。税務署のチェックも必

第1章　親が死ぬ前に知っておかなければいけない「相続税」の話

ず入ります。

特に気をつけなければならないのは家族名義の預金口座です。

よくあるのは、親が子どもの名義で預金口座を開設し、将来、子どもの支出にあてるためにその口座にお金を貯蓄しているようなケースです。こうした場合、その通帳は親が管理しており、子どもは口座の存在自体を知らないことも少なくありません。このような預金口座を**名義預金**といいます。

名義預金は、名義が家族のものであるために親（被相続人）の財産として申告する必要はないと考える人が多いのですが、これは間違いです。

名義預金は実質的には親の財産なので、相続税の課税の対象になります。

「預金口座を開設して入金をしたのは相当前のことなので、子どもは時効で取得しているはずだ」というようなことを言う人もいますが、子どもは最初から預金口座を管理せず、親がずっと管理していたということになると、時効取得どころか、「そもそも最初から預金を贈与した事実はない」ということになり、預金口座の開設が10年前だろうと20年前だろうと、時効にはなりません。

預貯金以外でも、被相続人が購入した株式、公社債、貸付信託や証券投資信託の受益証券等があれば、家族名義や無記名のものであっても、相続財産に含める必要がありますので、注意が必要です。名義預金かどうかは、その預金の原資とその預金口座を実際に管理していた人などを考慮して判断します（112ページ参照）。

(2) 土地の評価

宅地の評価方法には、路線価方式と倍率方式の2つの方法があります。

① 路線価方式

路線価方式とは、路線価が定められている地域の評価方法です。都市部では、道路の1本1本に、その道路に面する標準的な宅地の1m²当たりの価額が付されています。これを路線価といい、路線価を記載した地図を路線価図といって、**毎年分の路線価図が国税庁のホームページに公表されています**。

路線価の定められている地域の宅地の価額は、原則として、その宅地の形状に応じ、奥行距離や角地の状況に応じて決められている補正率を乗じて1m²当たりの単価を算定し、これに宅地の面積（実測面積）をかけて評価します。

② 倍率方式

都市部以外では、路線価が定められていない地域が多くあります。

こうした地域にある宅地は、**市町村が評価した固定資産税評価額**（54ページ参照）に一定の倍率をかけて時価を評価することになっています。倍率は地域ごとに評価倍率表に定められていて、路線価同様、国税庁のホームページや所轄の税務署で閲覧することができます。

第1章 親が死ぬ前に知っておかなければいけない「相続税」の話

> **(路線価方式)** 宅地の評価額＝路線価（千円/m²）×（補正率）×面積（m²）

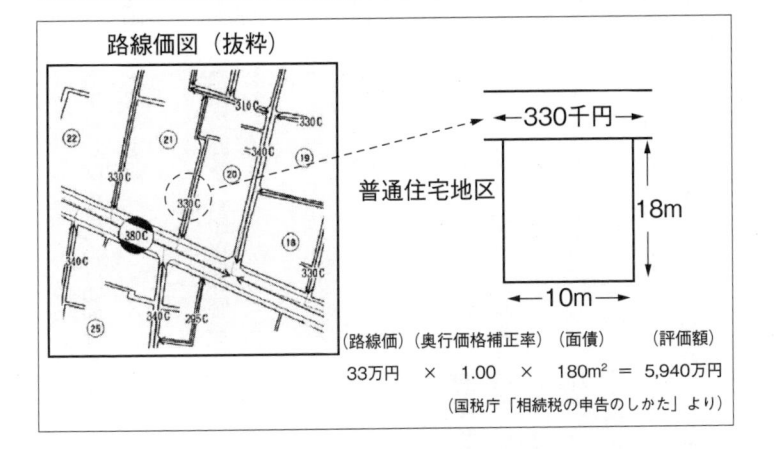

路線価図（抜粋）

普通住宅地区

←330千円→

18m

←10m→

(路線価) (奥行価格補正率) (面積)　　　(評価額)
33万円　×　1.00　×　180m² ＝ 5,940万円

（国税庁「相続税の申告のしかた」より）

> **(倍率方式)** 宅地の評価額＝固定資産税評価額（円）×倍率

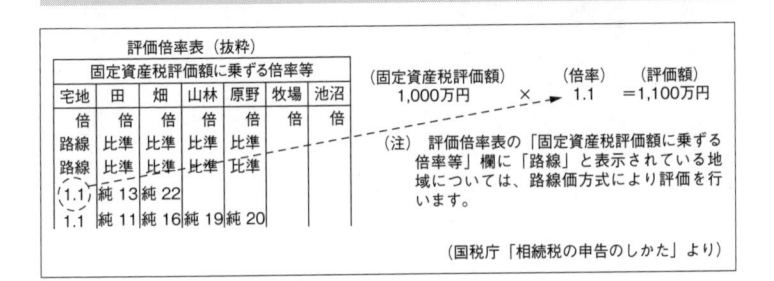

評価倍率表（抜粋）

固定資産税評価額に乗ずる倍率等

宅地	田	畑	山林	原野	牧場	池沼
倍	倍	倍	倍	倍	倍	
路線	比準	比準	比準	比準		
路線	比準	比準	比準	比準		
1.1	純13	純22				
1.1	純11	純16	純19	純20		

(固定資産税評価額)　(倍率)　(評価額)
1,000万円　×　1.1　＝1,100万円

(注) 評価倍率表の「固定資産税評価額に乗ずる倍率等」欄に「路線」と表示されている地域については、路線価方式により評価を行います。

（国税庁「相続税の申告のしかた」より）

(2) 家屋の評価

家屋は、市町村（東京23区の場合は都税事務所）が評価した固定資産税評価額がそのまま相続税の評価額となります。

家屋の評価額＝家屋の固定資産税評価額

Words

固定資産税評価額

固定資産税評価額とは、土地や家屋に対して固定資産税を課税するために、その土地や家屋が所在する市町村（東京23区の場合は都税事務所）が評価した金額です。土地や家屋は、その所在地の市町村がそれぞれ評価を行って、毎年1月1日現在の所有者に対して評価額と固定資産税額とを通知します。

評価額は、「固定資産税課税明細書」と呼ばれる横長の通知書に記載され、納税通知書といっしょに毎年5月〜6月ごろに所有者に送られてきます。

土地を倍率方式で評価する場合と家屋の評価には、固定資産税評価額を知る必要があります

第1章 親が死ぬ前に知っておかなければいけない「相続税」の話

が、この評価額は、固定資産税課税明細書の「価格」という欄に記載されている金額です。「課税標準額」という欄に記載されている金額ではありませんのでご注意ください。

固定資産評価額は、市町村に「固定資産評価証明書」を請求・取得することによって知ることもできます。

(3) 借地権、借家権等の評価

借地権等は、次のように評価します。

【借地権の評価方法】

借地権	借地権とは、建物の所有を目的とする地上権または土地の賃借権をいいます。借地権は、原則として、路線価方式または倍率方式により評価した土地の価額に借地権割合をかけて計算します。借地権割合は、路線や地域ごとに、路線価図または評価倍率表に記載されています。
定期借地権	借地契約の更新がないため、現在の契約が終了すれば借地関係が消滅する借地権です。定期借地権は、権利金や保証金の授受がある場合が普通ですので、これらによって借地権者に帰属する経済的利益およびその存続期間をもとに評価します。

55

ここがポイント！ 賃貸アパートは評価額が下がる

相続財産の中に賃貸アパートがある場合には、土地は「貸家建付地」、家屋は「貸家」として自用の（自分で利用する）土地・家屋よりも減額して評価します。他人に土地や家屋を貸していると、賃借人に借地権や借家権の権利が発生し、自由に売買できなくなることから、賃借人の借地権相当額・借家権相当額を減額するのです。

ちなみに、こうした評価の仕方もあって、特にバブル期の前後には、借入金により賃貸アパートを建築するという相続税対策がしばしば行われました。借入金はその100％を債務マイナスの財産として遺産から控除できるのに対し、貸アパートの方は貸家として評価されることによって、場合によっては建築価額の半額程度にまで下がることがあったからです。

● 家屋（貸家）

貸家は次のように評価します。

固定資産税評価額 − 固定資産税評価額 × 借家権割合 × 賃貸割合

アミかけ部分が賃借人の権利に相当する価額で、所有者の評価額からその分だけ減額します。この算式中の賃貸割合は、貸し付けられている部分の割合で、もしアパートに空室（相続発生時に一時的に生じたものを除きます）があった場合には、その分だけ賃貸割合が下がります。結果、家屋の評価額は、その分だけ上がります。

第1章　親が死ぬ前に知っておかなければいけない「相続税」の話

● 土地（貸家建付地）

貸家建付地は次のように評価します。

自用地としての価額 − 自用地としての価額 × 借地権割合 × 借家権割合 × 賃貸割合

アミかけ部分が賃借人の権利に相当する価額で、所有者の評価額からその分だけ減額します。

賃貸割合については貸家建付地と同様です。

(4) 上場株式の評価

原則として、銘柄ごとに、亡くなった日の終値、亡くなった月の終値の平均、前月の終値の平均、前々月の終値の平均のうち、一番低い金額により評価します。

(5) 取引相場のない株式の評価

取引相場のない株式の評価方法には、類似業種比準方式、純資産価額方式、これらの併用方式、配当還元方式があります。どの評価方法を採用できるかは、その会社の規模、株主の態様、試算の構成割合などに応じて決められています。

(6) その他の財産の評価

その他の主な財産の評価方法は、以下のとおりです。

57

[上場株式の評価方法]

①	相続開始の日の終値
②	相続開始があった月の終値の月平均額
③	相続開始があった月の前月の終値の月平均額
④	相続開始があった月の前々月の終値の月平均額

[取引相場のない株式（非上場株式）の評価方法]

方　式	内　容
類似業種比準方式	類似業種比準方式は、類似する業種の平均株価をもとに、1株当たりの配当金額・年利益金額および純資産価額の3つの要素を類似業種と比べて非上場株式の株価を計算する方法です。 比較的規模の大きな会社（相続税財産評価基本通達の定める大会社）に適用される方式です。
純資産価額方式	純資産価額方式は、会社の資産と負債を時価評価して、正味の純資産価額を計算し、時価に換算した評価差額に対する法人税額等相当額を差し引いて非上場株式の株価を評価する方法です。評価時点においてその会社を清算したとした場合の時価を算定する清算時価純資産方式の一種です。
類似業種比準方式と純資産価額方式の併用方式	類似業種比準方式により評価した価額と純資産価額方式により評価した価額を一定のウェイトで加重平均する方法です。この加重平均割合は、規模の小さな会社ほど、類似業種比準方式による評価額の割合が小さくなるように定められています。
配当還元方式	配当還元方式とは、過去2年間の配当金額を10％の利率で還元して、非上場株式の価額を求める方式です。これは、少数株主や同族株主以外の株主、つまり主に配当を期待して株式を保有するような株主が所有している非上場株式に適用される評価方式で、収益還元方式の一種と考えられます。

第1章　親が死ぬ前に知っておかなければいけない「相続税」の話

[その他の財産の評価方法]

種　類	評　価　方　法
絵画・骨董等	被相続人が個人事業を営んでいた場合の事業用の資産については、たな卸商品として評価します。それ以外の場合は原則として類似品の売買価額や専門家の意見などを参考に評価します。
家庭用財産	家具や電気製品等の家財です。原則として類似品の売買価額等を参考に評価しますが、長期にわたって使用していたものについては適切に評価するのが難しいため、実務上は家財一式として大雑把に値付けをする場合が多いようです。
電話加入権	国税局ごとに決められています。平成24年度は1回線につき2,000円です。
生命保険金	被相続人の死亡によって支払われる生命保険金は、本来は被相続人の相続財産ではありません。 しかし、被相続人の死亡によって相続人が取得することになった財産であることには変わりありませんので、相続税の計算上は相続財産に含めることになっています。 なお、非課税枠（500万円×法定相続人の数）があり、これを超える部分のみ課税の対象となります。
死亡退職金	生命保険金と同様に、被相続人の死亡によって支払われる退職金は、本来は被相続人の相続財産ではありません。 しかし、被相続人の死亡によって相続人が取得することになった財産であることには変わりありませんので、相続税の計算上は相続財産に含めることになっています。 ただし、非課税枠（500万円×法定相続人の数）を超える部分のみが課税の対象となります。

Column 「生命保険に関する権利」ってナニ？

生命保険にはいろいろなタイプがあります。いちばんオーソドックスな生命保険は、親（被相続人）が契約者で、かつ被保険者であり、親が亡くなったことによって、死亡保険金が支払われるケースです。

たとえば次のようなケースです。

（契約者）親　（被保険者）親　（死亡保険金受取人）子

この場合、生命保険金は親が亡くなってはじめて支払われるので、親の生前からの財産ではありません。ですから、民法上は相続財産には含まれず、遺産分割協議の対象にもなりません。

しかし、相続税の計算上は、税負担の公平を図る立場から相続財産とみなし、相続税の課税財産に含めることになっています。このため、この生命保険金のことを「みなし相続財産」という呼び方をします。

他方、同じ生命保険でも、契約者は被相続人だが、被保険者は被相続人以外の人、というケースがあります。

たとえば次のようなケースです。

60

第1章　親が死ぬ前に知っておかなければいけない「相続税」の話

（契約者・保険料負担者）親（父）　（被保険者）親（母）　（死亡保険金受取人）子

この場合は、父が亡くなっても、被被保険者である母は生存しており、保険事故はまだ発生していませんので、死亡保険金は支払われません。

しかし、契約者である父が亡くなったことによって、相続人に契約者の地位が引き継がれます。この引き継いだ契約が解約時に解約返戻金が支払われるような生命保険の場合には、この契約自体に財産的な価値があります。ですから、この場合、この生命保険契約は解約返戻金相当額で評価し、親の遺産として相続税の申告をする必要があります。

このような生命保険契約を「生命保険に関する権利」といい、右の例のように契約者が親（被相続人）の場合はみなし相続財産ではなく、民法上の本来の相続財産になり、遺産分割協議の対象にもなります。

(7) 債務・葬式費用

相続または遺贈によって、財産を取得した人が、財産のほかに債務を承継したり、葬式費用を負担したりすれば、その分だけ実質的な財産は目減りします。

このため、債務と葬式費用は、マイナスの財産として、財産の価額から差し引くことができます。これを債務控除といいます。

実務上よくでてくる債務では、死亡後に精算する入院費等の医療費、死亡後に支払う固

定資産税や住民税などの税金、死亡後に請求されるクレジットカードの利用代金（被相続人が使ったもの）、アパートの貸付けをしている場合に賃借人から預かっている敷金、個人事業をしている場合の事業上の未払金や買掛金などが代表的なものです。

また、葬式費用は、亡くなった時にある債務ではありませんが、人が亡くなれば通常発生する費用ですので、課税価格の計算上控除することができることになっています。

債務控除の対象となる葬式費用は、通夜・本葬の費用、遺体の回送費用、火葬・埋葬・納骨の費用、お寺へのお布施・戒名料などです。

初七日、四十九日等の法会の費用、遺体解剖費用、墓碑・墓地等の購入費用等は葬式に係る費用ではありませんから、債務控除の対象にはなりません。

また、香典返しの費用も香典収入が非課税とされている関係で、債務控除の対象にできないことになっています。

Column

住宅ローンは債務控除の対象にならない？

債務の代表的なものは借入金ですが、その代表格の住宅ローンは債務控除の対象にならないことが多いので注意が必要です。

第1章 親が死ぬ前に知っておかなければいけない「相続税」の話

これは、住宅ローンの場合、親（被相続人）が借入をした時に団体信用生命保険に加入し、死亡時には団信保険の保険金によって借入金が返済されるようになっていることが多いからです。

当然、親が亡くなって保険金により住宅ローンが返済されれば、子（相続人等）は親の借入金を承継しませんから、その住宅ローンは債務控除の対象にはなりません。

63

7. 知らないではすまされない小規模宅地等の特例

　土地（宅地）の評価に関連してどうしても知っておかなければならないのが、「小規模宅地等の特例」という相続税の特例です。

　「小規模宅地等の特例」は、亡くなった人（被相続人）の住まいや事業の用に使われていた建物の敷地（宅地）に適用される特例で、一定の要件を満たせば、土地の評価額が80％または50％減額されます。これは、自宅や事業用の建物の敷地は相続の後もそのまま使用を続けるため、譲渡して換金できないことが多く、税金の負担能力に乏しいと考えられているからです。

　例を挙げてみましょう。ここでは、被相続人（父）の残した財産が都市部にある住宅だけで、亡くなる前から、父も相続人である子ども（1名）も、その住宅で暮らしていたものとします。

第1章　親が死ぬ前に知っておかなければいけない「相続税」の話

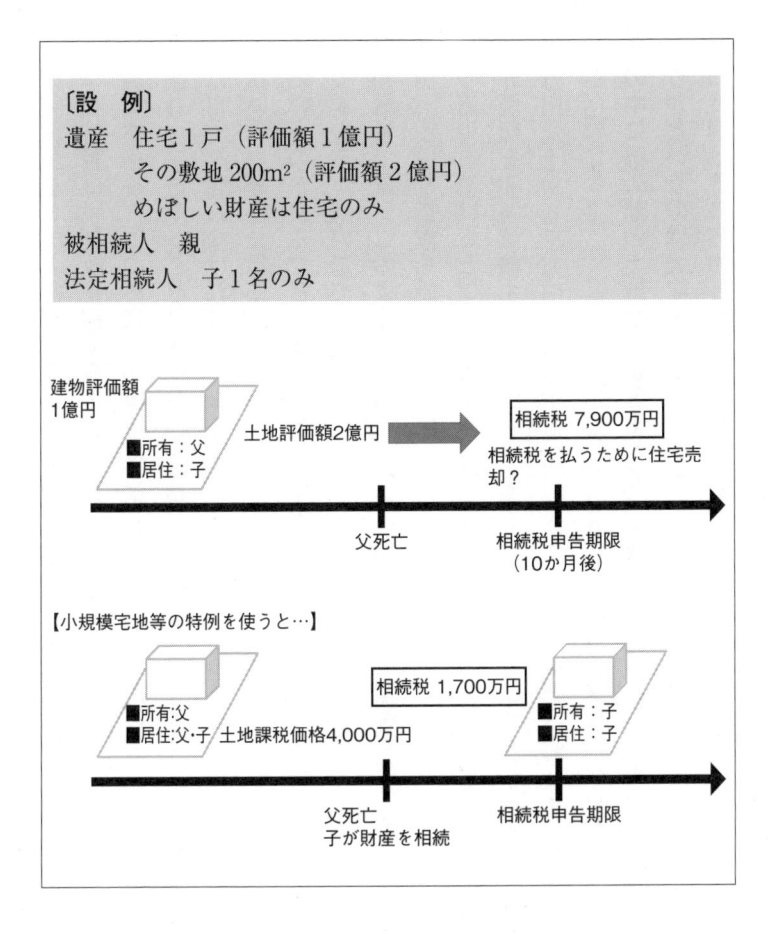

[設　例]
遺産　住宅1戸（評価額1億円）
　　　その敷地 200m² （評価額2億円）
　　　めぼしい財産は住宅のみ
被相続人　親
法定相続人　子1名のみ

建物評価額
1億円
■所有：父
■居住：子
土地評価額2億円

相続税 7,900万円
相続税を払うために住宅売却？

父死亡　　相続税申告期限
　　　　　（10か月後）

【小規模宅地等の特例を使うと…】

■所有：父
■居住：父・子
土地課税価格 4,000万円

相続税 1,700万円

■所有：子
■居住：子

父死亡
子が財産を相続　　相続税申告期限

65

この場合の相続税をざっと計算すると、評価額3億円（土地2億円＋家屋1億円）の住宅に対して、相続税は税制改正前でも7,900万円もかかります。

しかし、親（被相続人）のめぼしい遺産はこの住宅だけだったのですから、この住宅を売却しない限り、子は7,900万円もの相続税を払うことはできません。相続税を払うために、子は自宅を売らなければならなくなってしまうかもしれません。

税金の支払いのために長年住んでいた住宅を手放さなければならなくなるのは心情的にも納得しがたいものがあるでしょうし、もし住宅を売ってしまえば住むところがなくなってしまうのですから、気の毒です。

そこで、相続税では、このような土地については相続税の負担を軽減するため「小規模宅地等の特例」という措置を設けています。

この特例の適用を受けると、このケースでは、240m²を限度として（改正後は330m²）土地の評価額を80％減額することができます。そうすると住宅の課税価格が3億円から1億4千万円（土地4千万円＋家屋1億円）まで下がり、相続税額は7,900万円から1,700万円にまで下がります。なんと6,200万円もの節税になるわけです。

相続財産の中に都心部の土地などが含まれている場合には、この小規模宅地等の特例が使えるかどうかというのは大変重要なポイントだということが分かります。

なお、この特例はその名のとおり「小規模」な宅地に適用できる特例です。ですから、

第1章 親が死ぬ前に知っておかなければいけない「相続税」の話

適用できる面積には限度が決められています。

特定居住用宅地等(※1)のみの場合は240m²（平成25年度税制改正により平成27年1月1日以後の相続は330m²）、貸付事業用宅地等(※2)の場合は200m²、特定事業用宅地等(※1)・特定同族会社事業用宅地等の場合は400m²が限度面積となります。なお、複数の宅地を所有している場合には組み合わせて適用できますが、その場合、次の算式を満たすように各特例区分の適用を受ける面積を決めます。

[平成26年まで（改正前）]

（特定事業用等宅地等の面積）＋（特定居住用宅地等の面積）×5／3＋（貸付事業用宅地等の面積）×2≦400m²

[平成27年から（改正後）（※3）]

（特定事業用宅地等の面積）×200／400＋（特定居住用宅地等の面積）×200／300＋（貸付事業用宅地等の面積）≦200m²

（※1）居住用宅地等は被相続人の居住の用に供されていた宅地等、事業用宅地等は事業の用に供されていた宅

地等であり、「特定」居住用宅地等、「特定」事業用宅地等は、それぞれのうち特例の要件を満たしているものをいいます。
（※2）貸付事業用宅地等は、事業と称するには至らない規模のアパート、マンション、駐車場等の貸付けの用に供されていた宅地等をいいます。
（※3）特例の対象として選択する宅地等のすべてが特定居住用宅地等と特定事業用等宅地等の場合は、それぞれの限度面積まで適用可能です（調整計算なし）。

68

【小規模宅地等の特例が使えるケース】

区分	生前の利用状況	取得者の区分	適用要件	減額割合
特定居住用宅地等	被相続人の居住用	被相続人の配偶者	他の要件なし	評価額を80%減額できます
		被相続人の同居親族	相続開始から申告期限まで継続してその家屋に居住し、かつその宅地等を所有	
		被相続人と同居していない親族	① 被相続人の配偶者・同居親族がいない ② 取得した親族が相続開始前3年以内に国内に自己または自己の配偶者の所有する家屋に住んだことがない ③ 相続開始から申告期限まで継続してその宅地等を所有	
	被相続人の同一生計親族の居住用	被相続人の配偶者	他の要件なし	
		被相続人の同一生計親族	相続開始から申告期限まで継続してその家屋に居住し、かつその宅地等を所有	
貸付事業用宅地等	被相続人の貸付事業用	被相続人の親族	① 被相続人の貸付事業を申告期限までに承継し、かつ申告期限まで継続（事業承継） ② その宅地等を申告	評価額を50%減額できます

			期限まで保有（保有継続）	
	被相続人の同一生計親族の貸付事業用	貸付事業を行っている親族	① 相続開始前から申告期限までその貸付事業を継続（事業継続） ② その宅地等を申告期限まで保有（保有継続）	
特定事業用宅地等	被相続人の事業用	被相続人の親族	① 被相続人の事業を申告期限までに承継し、かつ申告期限まで継続（事業承継・事業継続） ② その宅地等を申告期限まで保有（保有継続）	評価額を80％減額できます
	被相続人の同一生計親族の事業用	その事業を行っていた親族	① 相続開始の直前から申告期限までその事業を継続（事業継続） ② その宅地等を申告期限まで保有（保有継続）	
特定同族会社事業用宅地等	特定同族会社の事業用（※）	被相続人の親族	① その親族が相続税の申告期限においてその法人の役員であること（法人役員要件） ② その宅地等を申告期限まで保有（保有継続）	評価額を80％減額できます

※ 特定同族会社とは相続開始の直前において被相続人およびその親族等がその法人の50％超の持分を有している法人をいいます。

第1章 親が死ぬ前に知っておかなければいけない「相続税」の話

8. 相続税は「誰が」「いつ」「どこへ」申告するのか?

相続税の申告は、相続によって財産を取得した人が、親（被相続人）が亡くなってから10か月以内に税務署に申告書を提出して行います。

申告の期限は、厳密には相続の開始があったことを知った日（通常は亡くなった日）の翌日から10か月以内です。たとえば親が亡くなった日が2月10日とすると、申告期限は10か月後の12月10日となります。

税金の納付は、この申告期限までに銀行や郵便局に行き所定の用紙の納付書で**一括現金払いにより納付する**のが原則です。

ただし、なんらかの理由でこの期限までに金銭で一括納付することが難しい場合は、何年かに分けて金銭で納める**延納**と、相続または遺贈で取得した財産そのもので納める**物納**という制度があります。この延納または物納を希望する場合は、申告書の提出期限までに税務署に申請書などを提出して許可を受ける必要があります。

相続人が複数いる場合には、原則として、連名で1通の相続税申告書を提出します。遺産分割の内容は申告の内容と密接に関係しますから、**申告書には実印を押印した遺産分割**

71

【相続税・所得税の申告・納付スケジュール（例：2月10日相続開始の場合）】

2月10日	死亡（相続開始）
6月10日（亡くなった日の翌日から4か月以内）	所得税の準確定申告の期限 納付すべき所得税がある場合は納付期限
12月10日（亡くなった日の翌日から10か月以内）	相続税の申告期限 納付すべき相続税がある場合は納付期限

協議書のコピーと印鑑証明書を添付することになっています。

また、**提出先は親（被相続人）の亡くなった時の住所の所轄税務署です**。相続人の住所地ではありません。

なお、どのような場合に相続税の申告が必要になるのかについては、36ページの判定フローを見て下さい。

相続税を納税する場合には相続税の申告が必要なるのはもちろんですが、相続税の納税をしない場合にも申告だけは必要になる場合があります。代表的なのは、**配偶者の税額軽減の特例や小規模宅地等の減額特例の適用を受けることによって税額がゼロになるケースです。これらの場合は、特例の適用を受けるために、たとえ税額がゼロであっても申告書を提出するのです**。

また、相続税だけでなく、被相続人の確定申告を被相続人や亡くなった年の前年分の所得税の確定申告を被相続人に代わって相続人がしなければいけない場合もあります。これを所得税の準確定申告といいます。準確定申告の申

第1章　親が死ぬ前に知っておかなければいけない「相続税」の話

告・納付期限は、亡くなった日の翌日から4か月以内です。

たとえば、親が亡くなった日が2月10日とすると、所得税の準確定申告の期限は6月10日となります。

この場合は、親の前年分の所得税と当年分（当年1月1日から2月10日までの分）の所得税の2年分の申告を行わなければなりません。

この準確定申告で、所得税の納付や還付があれば、その税額は相続税の申告のときに、納付の場合は債務控除の対象になり、還付の場合は相続財産として相続税課税の対象となります。

👉 ここがポイント！　特例の適用と申告期限

前述した「小規模宅地等の特例」や「配偶者の税額軽減」は、遺産分割が確定しないと適用を受けることができません。

もしも10か月後の申告期限までに遺産の分割のしかたが決まらなかった場合には、未分割という形で仮の申告書を提出しなければなりません。この場合はこれらの特例の適用を受けない形で相続税を計算し、いったんその全額を納付することになります。

ただし、「申告期限後3年以内の分割見込書」という書面を申告書に添付することにより、その後3年以内に遺産分割協議がまとまれば、その時点で特例の適用を受けることができ、相続税を払いすぎていればその精算（還付）をしてもらえます。

遺産分割がこじれるなどして裁判になり、3年では遺産分割が確定しない場合には、「遺産が未分割であることについてやむを得ない事由がある旨の承認申請書」を3年が経過する日の翌日から2か月以内に税務署長に提出する必要があります。この申請に対する承認を受けることにより、その後遺産の分割が確定した時点で特例の適用を受けることができます。

遺産分割協議がまとまらなければ特例の適用を受けることができず、相続税の額がきわめて大きくなる可能性があります。たとえば、親の自宅の敷地の評価額が1億円だったとして、適用税率が40％としますと、小規模宅地等の特例の適用が受けられるかどうかで、相続税額が3千万円も違ってくることもあります。

親が生きている間に、遺産分割の内容を遺言状などで決めておけば、こうした事態は避けられるかもしれません。親が生きているうちに相続対策をしておくことが大切だといえます。

9. 相続税の申告には税務調査がつきもの

税務調査とは、相続税の申告をした後、税務署がその申告内容に誤りがないかどうかを調べるものです。ある日税務署から、相続税の申告について調査させてほしいという電話がかかってきて、場合によっては調査官が自宅にやって来て実地調査をしていきます。

この税務調査は申告をした年またはその翌年に行われることが多いようですが一概にいえません。また、実地調査が行われず、税務署内の机の上だけの調査で済む場合もあります。

最近の統計では、相続税の申告件数に対する実地調査の割合は27％で、3～4件に1件は**実地調査を受ける**ことになる勘定です。法人税の実地調査は約5％、所得税の実地調査は約1％ですから、これらと比較すると飛び抜けて高い数字といえます。

また、ひとたび**税務調査が行われれば、約8割の確率で何らかの申告漏れを指摘され税金の追徴が行われている**のも相続税の特徴です。

国税庁の統計によると、**税務調査による指摘事項の3分の1は、預貯金などの金融資産の申告漏れ**です。

特に50ページでご説明した「名義預金」は必ずチェックを受けますから、十分な検討をしてから相続税の申告をすることが必要だといえます。

第1章　親が死ぬ前に知っておかなければいけない「相続税」の話

10. うちの相続税はいくら？
～簡便法によるシミュレーションのすすめ

相続税がかかるのかどうか、もしかかるとしたら一体いくらぐらいかかるのか、そして、相続をした子は相続税を払うことができるのかどうか、これを親が生きているうちに実際にシミュレーションをしておく必要があります。

シミュレーションは実際に申告や納税をするわけではないのですから、多少大ざっぱでもかまわないのです。粗々にでも、相続税がかかるかどうかの感触をつかんでおくことで、今後の方針を検討することができます。

ここでは、**なるべく簡単に相続税の額を試算する方法をご紹介します。**そのぶん正確さは犠牲になっていますので、その点はご承知ください。

また、財産の評価さえすれば、すぐに大体の税額が求められるよう、26ページに相続税の早見表を用意しましたので、ご活用ください。

それではスタートです。手順にしたがって、相続税の試算をしてみてください。

77

ステップ1　財産をリストアップして財産評価しよう

まず次のような表を作成し、財産評価をします。

実際に相続税の申告をする場合は、財産を取得した人ごとにこの計算をするのですが、これはシミュレーションですので、ここでは誰が取得するのかを決める必要はありません。

財産評価は、評価基準日を決めて、すべての財産をその日現在で評価します。

■ 預金の評価

本当に相続税の申告をするのであれば、親が亡くなった時にまだ受け取っていない預金の利子（亡くなった日までの既経過利子）を計算して加算しますが、大した金額にならないようであれば、シミュレーションでは既経過利子は無視してかまいません。評価時点での預金残高を調べて、それを評価額とします。

注意が必要なのは名義預金（50ページ参照）です。**親の名義でなくても、実質的に親の預金口座であればリストに加えます。**

① 株式の評価

■ 株式の評価

上場株式は、相続税の規定では評価時点の終値、前月・前々月・前々前月の終値の平均のうち「一番低い価格」を時価（単価）としますが、シミュレーションでは、むしろ将来

第1章　親が死ぬ前に知っておかなければいけない「相続税」の話

[財産をリストアップする]

評価基準日　　　年　　月　　日現在

項　目	簡便な評価方法	評価額 （万円）
現金	評価基準日現在の残高	
普通預金	評価基準日現在の残高	
定期預金	評価基準日現在の残高	
上場株式	時価×株式数	
国債・社債	額面金額	
土地	固定資産税評価額×120％	
家屋	固定資産税評価額	
賃貸アパートの土地	固定資産税評価額×80％	
賃貸アパートの家屋	固定資産税評価額×70％	
生命保険金	死亡保険金額	
（▲）非課税枠	500万円×法定相続人の数	▲
退職金	死亡退職金額	
（▲）非課税枠	500万円×法定相続人の数	▲
（▲）借入金	評価基準日現在の残高	▲
（▲）葬式費用	通夜・本葬費用、お布施、戒名料	▲
3年以内の贈与財産		
合　計		

実際に相続が発生した場合の時価(単価)を予想しなければなりません。

たとえば、ある銘柄の株価がずっと上昇基調だったとしましょう。このため、評価日の終値、評価日当月・前月・前々月の終値の平均値の中で一番低かったのが前々月の終値の平均値となり適切とはいえません。しかし、この場合、この価格で評価してシミュレーションをするのはあまり適切とはいえません。翌月になればもう使えなくなってしまう評価額だからです。シミュレーションではむしろ将来の株価を予測するつもりになって評価しなければなりません。

もちろん、規定どおりの評価方法で評価してもかまいませんが、上に述べたような視点で、**あえて評価日の終値、評価日当月・前月・前々月の終値の平均値の中の「一番高い価格」で評価**したり、評価日の属する月の終値の平均値で評価したりすることも考えられます。財産全体に占める上場株式の重要性を踏まえながら、柔軟に評価をしてみてください。

② 取引相場のない株式の評価

取引相場のない株式を保有している場合は、金額にもよりますが、その評価は専門家にまかせることをおすすめします。被相続人がオーナーの会社やオーナーの親族が経理しているような会社の場合は、その会社の顧問税理士に相談してみるのがいいでしょう。

簡便的に評価するには、その会社の貸借対照表を取り寄せ、純資産額(簿価純資産額)を発行済株式総数で割って、1株当たりの評価額を計算し、これに株式数をかけて評価額

80

第1章 親が死ぬ前に知っておかなければいけない「相続税」の話

とします。なお、この計算方法は、その会社の貸借対照表上に、時価と著しく異なる金額の資産や負債が計上されていたり、簿外資産・負債があったりする場合は、本来の評価額とは大きく異なった金額になりますし、会社の規模によっては類似業種比準方式により計算すべき場合もありますので、このような場合も適切な評価額とはいえません。

また、比較的規模の大きな非上場会社の株式を何かのきっかけで保有しているような場合など、配当還元方式が適用できる場合には、その適用の可否を確認し、次のように計算します。

（過去2年分の1株当たり配当金額の平均÷10％※）×持株数

※ 最低でも一株当たり資本金額の50％（例えば無配の場合）で評価します。

■ 土地の評価

宅地は、自用の土地については、路線価方式または倍率方式のいずれか決められた方法で評価します。どちらの方法で評価するかは、国税庁のホームページに路線価図・評価倍率表が掲載されていますので、その最新版により確認できます。

路線価方式の場合、奥行きや間口等の補正については、金額の大小にもよりますが、場

合によっては無視してしまい、単純に路線価に地積（土地の面積）をかけて計算してもかまわないでしょう。

また、地積は実測面積によるのが原則ですが、不明の場合は登記簿謄本に記載されている公簿面積で計算します。公簿面積は、登記簿謄本がなければ固定資産税の課税明細書でも確認できます。

もっと簡単な方法として、**市町村役場や都税事務所から毎年送られてくる固定資産税課税明細書に記載されている固定資産税評価額**（価格という欄に記載されている金額です。課税標準額の欄に記載されている金額ではありません。）**に１２０％をかけて大体の評価額を知ることもできます。**

これは、相続税の評価額が時価の８割程度なのに対して、固定資産税の評価額の水準が時価の７割になるように評価されていることから、固定資産税評価額に１２０％をかけて調整すると、大体の相続税評価額の目安を知ることができるというわけです。

ただし、個々の宅地については固定資産税評価額もいろいろな補正をして評価されていますので、不整形な土地などクセのある土地の場合は、相続税評価額と固定資産税評価額とのずれが大きくなる場合がありますのでご注意ください。

また、賃貸アパートの敷地の場合は、次のように計算します。

第1章　親が死ぬ前に知っておかなければいけない「相続税」の話

固定資産税評価額×（1－借地権割合×借家権割合×賃貸割合）

借地権割合は、路線価図を調べれば、路線価の隣に付記されていますのですぐに分かります。借家権割合は東京国税局の管内では30％です。賃貸割合は空室率を勘案して計算しますが、一時的な空室である場合には考慮しなくてかまいません。

シミュレーションのために大ざっぱに評価額を見積もるには、金額の大きさにもよりますが、上の算式の下線部分をおおむね80％として計算してみましょう。

なお、「小規模宅地等の特例」については、その宅地を誰が取得するか等、特例の適用を受けるためにはクリアしなければならない適用要件があります。

試算の結果を踏まえて、小規模宅地等の特例の適用を受けられるようにするにはどうればよいかを検討するのが、このシミュレーションの目的ですから、まずは特例の適用は受けないものとして、自然体でシミュレーションをしてみましょう。

■ 家屋の評価

家屋の評価額は、固定資産税評価額を使います。

固定資産税評価額は固定資産税の課税明細書で確認できます。明細書の「価格」という

欄に記載されている金額が固定資産税評価額です。課税標準額の欄に記載されている金額ではありませんのでご注意下さい。

また、賃貸アパートの家屋の場合は、次の計算式により評価します。

固定資産税評価額×70％

※ 本来は、固定資産税評価額×（1－借家権割合×賃貸割合）という算式で計算することになっていますが、シミュレーションですから、右の算式は借家権割合30％、賃貸割合100％として計算しています。

Column

マンションの評価はどのようにするか

原則的な土地と建物の評価方法は、すでにご説明したとおりですが、マンションの場合は、土地は敷地利用権ですし、建物は区分所有権ですから、どうやって評価したらいいの？　という疑問がわくかもしれません。

84

郵 便 は が き

料金受取人払郵便

落合支店承認

2045

差出有効期間
2014年1月14日
(期限後は切手を
おはりください)

161-8780

東京都新宿区下落合2-5-13

㈱ 税務経理協会

社長室行

お名前	フリガナ		性別	男 ・ 女
			年齢	歳

ご住所	□□□-□□□□　　TEL　　（　　　）

E-mail	
ご職業	1. 会社経営者・役員　2. 会社員　3. 教員　4. 公務員 5. 自営業　6. 自由業　7. 学生　8. 主婦　9. 無職 10. 公認会計士　11. 税理士　12. その他（　　　　）
ご勤務先・学校名	
部署		役職	

ご記入の感想等は、匿名で書籍のPR等に使用させていただくことがございます。
使用許可をいただけない場合は、右の□内にレをご記入ください。　　□許可しない

ご購入ありがとうございました。ぜひ、ご意見・ご感想などをお聞かせください。
また、正誤表やリコール情報等をお送りさせて頂く場合もございますので、
E-mail アドレスとご購入書名をご記入ください。

ご購入書名	

Q1　お買い上げ日　　　　年　　　　月　　　　日
　　ご購入方法　1. 書店で購入（書店名　　　　　　　　　　　）
　　　　　　　　2. インターネット書店　　3. 当社から直接購入

Q2　本書のご購入になった動機はなんですか？（複数回答可）
　1. 店頭でタイトルにひかれたから　2. 店頭で内容にひかれたから
　3. 店頭で目立っていたから　　　　4. 著者のファンだから
　5. 新聞・雑誌で紹介されていたから（誌名　　　　　　　　　）
　6. 人から薦められたから
　7. その他（　　　　　　　　　　　　　　　　　　　　　　　）

Q4　本書をお読み頂いてのご意見・ご感想をお聞かせください。

Q5　ご興味のある分野をお聞かせください。
　1. 経営　　　2. 経済・金融　　　3. 財務・会計
　4. 流通・マーケティング　　　　　5. 株式・資産運用
　6. 知的財産・権利ビジネス　　　　7. 情報・コンピュータ
　8. その他（　　　　　　　　　　　　　　　　　　　　　　　）

Q3　カバーやデザイン、値段についてお聞かせください
　①タイトル　　　　　1良い　　2目立つ　　3普通　　4悪い
　②カバーデザイン　　1良い　　2目立つ　　3普通　　4悪い
　③本文レイアウト　　1良い　　2目立つ　　3普通　　4悪い
　④値段　　　　　　　1安い　　2普通　　　3高い

Q6　今後、どのようなテーマ・内容の本をお読みになりたいですか？

ご回答いただいた情報は、弊社発売の刊行物やサービスのご案内と今後の出版企画立案の参考のみに使用し、他のいかなる目的にも利用いたしません。なお、皆様より頂いた個人情報は、弊社のプライバシーポリシーに則り細心の注意を払い管理し、第三者への提供、開示等は一切いたしません。

第1章　親が死ぬ前に知っておかなければいけない「相続税」の話

マンションの場合も、一戸建ての場合と基本的には変わりませんが、次の点に注意する必要があります。

● 土地

マンションの敷地全体を評価し、それにマンションの共有持分割合を乗じて評価します。

● 家屋

家屋は固定資産税評価額を評価額とします。この固定資産税評価額は市町村が発行する固定資産税課税明細書等を調べます。

固定資産税課税明細書に記載されている「価格」は、市町村によってマンションの建物全体の評価額が記載されている場合と1戸の評価額が記載されている場合とがあります。不明の場合は市町村に確認のうえ、建物全体の評価額の場合はそれに持分割合を乗じて、1戸の評価額を計算します。

マンションの持分割合は登記簿謄本等で確認できます。

ステップ2　相続税額の総額を計算しよう

次にステップ1で計算した財産の合計額をもとに、法定相続分で財産を分割することにした場合の相続税額の総額がいくらになるか、相続税額早見表（税制改正版）（46ページ

参照)で調べます。

各人が負担する相続税の額は、この相続税の総額を各人が取得した財産の金額で按分して計算します。たとえば、遺産の100分の35を相続した人は、相続税の総額のうち100分の35を負担することになります。

一番重要なのは、相続税を払わなければならない人が、本当にその相続税を払えるかどうか、です。

というのは、親の預貯金を相続した人は、相続した預貯金の中から相続税を支払えば良いのですが、親の住宅を相続した人や親が経営していた会社の株式を相続した人などは、相続した財産を売却でもしない限り、その財産から相続税を支払うことはできません。

つまり、**換金しにくい財産を取得する人には、相続税が払えるかどうかをあらかじめ検討し、必要なら相続税分の預貯金も相続させてあげるか、あるいは生命保険などを契約しておくことによって相続税が払えるように手当てしておいてあげることが必要なのです。**

このあたりも、シミュレーションを行う上での重要なポイントといえます。

11. 相続税対策の基本は2つある

シミュレーションの結果、もし相続税がかかりそうだということが分かったら、どうしたらよいのでしょうか？

相続税というのは金額的にバカになりません。非課税ライン（基礎控除額）をほんの1千万円超えただけで、その10％の100万円の税金がかかってきます。相続した財産が預貯金ならともかく、もし仮に、めぼしい財産が住宅だけという場合には、その100万円の税金を支払うのはとても大変なことです。

相続税の対策としては、**誰でも所有している住宅に小規模宅地等の特例を適用できるようにすること**、これを第一に検討するのがいいでしょう。

次に考えられるのは、いわゆる**「生前贈与」**というものです。生前贈与とは、親が生きている間に親から子へ財産を贈与しておくことをいいます。

どちらも、けっして驚くような仕掛けや特別な仕組みを使った節税法ではありませんが、事前によく検討しておくことにより大きな効果を発揮します。

(1) 特定居住用宅地等の特例の適用を受けられるようにする

小規模宅地等の特例は、それがどのような宅地なのかによっていくつかの種類（適用区分）がありますが、いずれにしても条件に当てはまる場合には、宅地の評価額の80％または50％を減額できる制度です。ですから、その減額幅は数千万円の単位になってきます。親の住宅にこの特例を適用できるようにしておくことは相続税の最低限の節税策だということができます。

そこでここでは、**小規模宅地等の特例のうち「特定居住用宅地等」という区分の特例を適用し、親の住宅の評価額を80％減額するためにはどのような点に気をつければよいか**をご説明します。

「特定居住用宅地等」という区分は、親（被相続人）が亡くなった時に親が住んでいた住宅または親の同一生計親族が住んでいた住宅の敷地に適用されるものです。**適用要件を満たせば、相続税の計算をする際に、評価額を80％減額することができます。**

特定居住用宅地等の特例の適用を受けるための条件（適用要件）は次の表のとおりです（イメージしやすくするため、被相続人＝父、被相続人の配偶者＝母、親族＝子と記載しました）。

第1章 親が死ぬ前に知っておかなければいけない「相続税」の話

【特定居住用宅地等の特例の適用を受けるための条件】

父が亡くなった時に誰が居住していたか	取得した人は誰か	特例の適用を受けるための条件
父	母	母が取得した場合は、それだけで特例の適用を受けることができます。特に他の条件は必要ありません。
父	父の同居の子A	Aが父が亡くなってから申告期限まで継続してその家屋に居住し、かつその宅地を所有していること。
父	父と別居していた子B	① B以外に母も父と同居していた子もいないこと。 ② Bは父が亡くなる前3年以内に国内に自己または自己の配偶者の所有する家屋に住んだことがないこと。 ③ Bは父が亡くなってから申告期限まで継続してその宅地を所有していること。
父と同一生計の子C	母	母が取得した場合は、それだけで特例の適用を受けることができます。特に他の条件は必要ありません。
父と同一生計の子C	父と同一生計の子C	Cは父が亡くなってから申告期限まで継続してその家屋に居住し、かつその宅地等を所有していること。

※この表は69ページの表をイメージしやすいよう、被相続人=父、被相続人の配偶者=母、親族=子と置き換えて表記したものです。

(2) 親の居住用か同一生計親族の居住用でないとダメ

ところで、実はこの特例は、前ページの表の条件に該当するかどうか以前に、大前提として、特例の適用を受けようとする宅地が親が亡くなった時に親が住んでいたか、または親の同一生計親族が住んでいた住宅の敷地でなければいけません。

もう少し厳密にいうと、この宅地を所有している親の相続開始の直前、つまり、親が亡くなる直前に、親の居住用だったか、それとも親と同一生計の親族の居住用のどちらかでなければ特定居住用宅地等の特例の適用は受けられないということです。もともと、この特例はそういう宅地に適用しようとして作られた制度ですので、いわばこの特例の前提条件のようなものです。

しかし、たったこれだけのことですが、いろいろな気をつけなければならない点があります。

まず、すでに親から独立して別生計を営んでいる子どもが親の家屋とその敷地を無償で借り受けて住んでいるような場合（宅地を無償で借り受けてその上にその親族が家屋を建てているような場合も含みます）は、この条件には該当しません。

■所有：父
■居住：別生計の親族

父と別生計の親族が取得

父死亡

相続税申告期限

小規模宅地等の特例の適用は受けられない

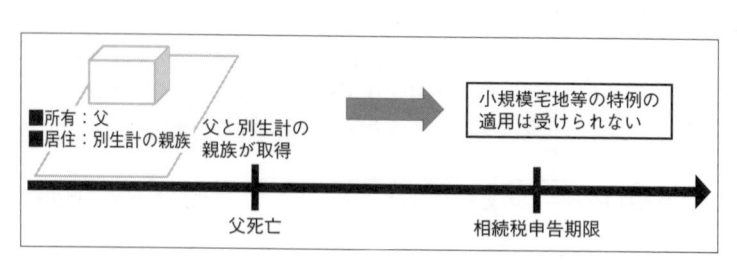

第1章　親が死ぬ前に知っておかなければいけない「相続税」の話

親族でこの特例の適用を受けられるのは、あくまでも生前から親と同居していた相続人である親族か、または生前からその住宅に住んでいた、親と同一生計の親族（別居していても可）に限られます。ですから、親と生計を別にしていた親族は小規模宅地等の特例の適用を受けることはできません。

> **Words**
>
> ## 同一生計とはなにか
>
> 「親と同一生計」というのは、いったいどのようなことをいうのでしょうか？
>
> 「同一生計」＝「生計を一にする」とは、親と「同一の生活単位に属し、相助けて共同の生活を営み、または日常生活の糧を共通にしている場合」をいいますが、平たくいえば親と財布を一緒にしているということです。
>
> 親と同居していれば基本的には同一生計と考えてもかまいません。
>
> また、必ずしも親と同居していなければならないというわけではありません。別居している場合には、同一生計かどうかは個々のケースごとに社会常識に従って判断しますが、居住費、食費、光熱費その他日常の生活に係る費用の全部または主要な部分を共通にしていた関係にあったことが最低限必要だと考えられています。

また、親が亡くなった時に親が居住していた住宅の敷地はこの特例の対象になるわけですが、実はこの点についても気をつけなければならない点があります。

というのは、必ずしも亡くなるまで自宅に住み続けられるとは限らないからです。健康をくずして病院に長期入院したり、介護を受けるために自宅を離れて有料老人ホームに入ったりして、場合によっては自宅に戻ることができないまま亡くなることもあります。こうした場合、被相続人がもともと住んでいた住宅は、特定居住用宅地等の特例の適用を受けられるのでしょうか。

自宅の敷地に特定居住用宅地等の特例の適用を受けるためには、亡くなった時の生活の拠点となる場所がその自宅であることが必要です。「自宅の住所に住民票が置いてあればいいんじゃないの？」という反論が聞こえてきそうですが、実はそうではありません。小規模宅地等の特例を受けられるのは、住民票があるという意味での形式的な住居ではなく、実態としてその住宅が生活の拠点になっていることが必要なのです。

まず、病院に長期入院した場合ですが、病院というのはそもそも住むところではなく、病気の治療をするところです。したがって、病院は社会常識としてのは当然です。病院に長期入院したとしても、生活の拠点を自宅から病院に移したとはいえませんので、この場合、他の条件を満たせば小規模宅地等の特例の適用を受けることができます。もちろん、入院中にその自宅を他人に賃貸するなど、宅地の利用方法を変え

92

第1章 親が死ぬ前に知っておかなければいけない「相続税」の話

てしまった場合には特定居住用宅地等の特例の適用を受けることはできませんので、ご注意ください。

他方、老人ホームの場合については、左のコラムをご覧いただきたいと思いますが、これまでは生活の本拠が自宅から老人ホームに移ったものとされて、自宅は小規模宅地等の特例の適用対象にならなくなる可能性が高かったのですが、平成25年度税制改正により、この取り扱いは改められることになりました。

> **Column**
>
> ## 老人ホームに入ると小規模宅地等の特例が受けられない!?
> ### 平成25年度税制改正項目
>
> 小規模宅地等の特例(特定居住用宅地等)の適用により80％の減額を受けられるのは、被相続人が亡くなった時に住んでいた住宅の敷地です。
>
> 老人ホームに入所した場合、入所に伴って被相続人の生活の拠点が老人ホームに移転したものと考えられるのが一般的です。
>
> しかし、ケースによっては、生前の被相続人やその家族は、老人ホームに入所したからといって、生活の拠点を老人ホームに移したとは認識していない場合もあります。たとえば、身体

93

上や精神上の理由で介護を受ける必要があるため、自宅を離れて老人ホームに入所したものの、被相続人が自宅での生活を望んでいたため、いつでも居住できるように自宅の維持管理がなされていたケースです。このようなケースは、病気治療のため病院に入院した場合と似たような状況にあるといえます。

そこで、これまで国税庁では、次のような状況が客観的に認められるときには、被相続人の自宅の敷地は、相続開始の直前においてもなお被相続人の居住の用に供されていた宅地等に該当するものとして、小規模宅地等の特例の適用ができるものとしていました。

> ① 被相続人の身体または精神上の理由により介護を受ける必要があるため、老人ホームへ入所することとなったものと認められること。なお、特別養護老人ホームの場合は、この条件は満たしているものとして取り扱われます。
> ② 被相続人がいつでも生活できるようその建物の維持管理が行われていたこと。
> ③ 入所後あらたにその建物を他の者の居住の用その他の用に供していた事実がないこと。
> ④ その老人ホームは、被相続人が入所するために被相続人またはその親族によって所有権が取得され、あるいは終身利用権が取得されたものでないこと。

右の4つの条件の中で、特に問題となるのは④の条件です。これはおそらく、終身利用権を購入するということは、他の住宅を購入するのと同じことだという考え方だと思われます。

しかし、急に介護が必要になった場合に、なるべく適切な介護が受けられて、場所的にも家

94

第1章　親が死ぬ前に知っておかなければいけない「相続税」の話

族が通いやすく、何よりもすぐに入所できるところ…と探していくと、もし他の条件が合えば、終身利用権の取得があるから入所を見合わせようということにはならないにちがいありません。経済的に支払いが可能であれば、当然選択肢に入ってくるはずです。

ところが、この国税庁の示した考え方によれば、終身利用権の取得をすると、それだけで自宅から老人ホームへ生活の拠点が移ったので小規模宅地等の特例の適用は認められない、ということになってしまうのです。

その結果、納税者とのトラブルも多く生じたようです。終身利用権を取得しても、病状の変化によっては施設の側から解約することもできるという特約が付いていることも多く、そもそも終身利用権を取得したからといって、本当に亡くなるまで居住できることが確定しているわけではないとの批判もありました。

そこで、平成25年度税制改正により、次の2つの要件を満たしていれば、特定居住用宅地等の特例の適用を受けられるよう改正されました。この改正は平成26年1月1日以後に相続または遺贈により取得する財産に係る相続税について適用されます。

① 被相続人に介護が必要なため、その老人ホームに入所したものであること。
② その家屋が貸付け等の用途に供されていないこと。

しかし、改正後も、これらの要件を満たさなければ特定居住用宅地等の特例は受けられませんので、老人ホームに入居する場合は注意する必要があります。また、これらの要件を満たす場合も、特に①についてはその証拠をなるべく残しておくようにすることが大切です。

(3) 誰が取得するかによって特例の適用が受けられるかどうかが決まる

特定居住用宅地等の特例の80％減額の適用を受けるためには、親が住んでいた住宅を誰が取得してもいいというわけではありません。この特例の趣旨は、平たくいえば、住宅に相続税が課税されたせいで住宅の売却を余儀なくされるような事態がなるべく起こらないようにしようとするものです。ですから、**基本的には、相続税が課税されて住宅を売却しなければならなくなったら困る人がその住宅を取得した場合にだけこの特例の適用が受けられます。**

具体的には、亡くなった親の住んでいた住宅の場合は、次の①から④の人が相続または遺贈により取得した場合に特例の適用を受けることができます。

❶ 亡くなった人の配偶者が相続・遺贈により取得した場合（母親が取得した場合）

父親が亡くなった場合には、母親が生きていれば、その父親が生前に住んでいた住宅は母親が相続することが多いでしょう。このように配偶者が取得した場合は、無条件に80％の減額の特例の適用を受けることができます。取得してからすぐに売却してしまっても特例の適用は受けられますし、取得後にその住宅に住まなくても構いません。

また、母親が取得する場合には、その住宅に住んでいたのが亡くなった父親ではなく、その同一生計親族の場合でも特例の適用を受けられます。

第1章　親が死ぬ前に知っておかなければいけない「相続税」の話

❷ 親と同居していた親族が相続・遺贈により取得した場合

亡くなった父親と同居していた親族がその住宅を相続または遺贈により取得した場合は、父親が亡くなった後も相続税の申告期限まで引き続き10か月間、所有を続け、その住宅に住み続ければ、80％減額の特例の適用を受けることができます。

❸ 亡くなった親と同居していなかった親族が親の住宅を相続または遺贈により取得した場合

亡くなった親と同居していなかった親族が、親の住宅を相続または遺贈により取得した場合は、上の2つの場合に比べて相続税の課税を軽減する必要性が少なくなりますので、適用条件のハードルも少し高くなります。次の条件をすべて満たした場合に限って80％減額の特例の適用を受けることができます。

(イ) 亡くなった親に配偶者がいないこと
(ロ) 亡くなる直前に親と同居していた相続人（相続の放棄があった場合には放棄がなかったものとします）
(ハ) 亡くなる3年以内に、その親族は、日本国内に自分または

❶

■所有：父
■居住：父又は同一生計親族

母が相続により取得

父死亡

■母の所有・居住は問わない

相続税申告期限

97

(ニ) 親が亡くなった後も10か月間（相続税の申告期限まで）、その宅地等の所有を続けること。

配偶者の所有する家屋に居住したことがないこと

右の(イ)〜(ニ)のうちポイントは(ハ)で、相続または遺贈によりその住宅を取得した親族が、直近3年以内にいわゆるマイホームに住んでいたことがないというのが条件の一つになっています。このため、この親族のことを「家なき子」と呼ぶことがあります。

この点についてもう少し詳しく触れることにしましょう。

ポイントは三つです。

一つ目のポイントは、「家なき子」が80％減額の特例の適用を受けるためには、亡くなった親に配偶者がおらず、しかも、同居の親族もいなかったことが必要です。つまり、前述の❶も❷も適用できない場合に限って、「家なき子」が特例の適用を受けられるということです。

ポイントの二つ目は、「家なき子」という言い方をすると誤解を招きそうですが、右の(ハ)の条件は、3年以内に自分で家屋を所有し

❷

所有：父
居住：父・
子A（同居親族）

子Aが相続により取得

所有：子A
居住：子A

父死亡　　　　　　　相続税申告期限

第1章 親が死ぬ前に知っておかなければいけない「相続税」の話

て、かつ、そこに住んでいたことがある場合、つまりマイホームに住んでいたことがある場合に、この特例の適用が受けられないということを意味しています。**この特例は不動産を所有しているだけなら、適用除外にはなりません。**ですから、住宅用不動産（マイホーム）を所有していても、そこに住まずに、別に賃貸住宅を借りて住んでいれば「家なき子」に該当し、この特例の適用は受けられるということです。

三つ目のポイントは、この特例の適用を受けることができるのは**「相続または遺贈により財産を取得した親族」**だということです。つまり、相続人でなくてもよく、遺言書によって孫に対して住宅を遺贈した場合でも、この特例の適用対象になります。ただし、孫に対する遺贈は相続税額の2割加算の対象になりますので、この点には注意が必要です。

```
■所有：母           ・子Bは賃貸住宅に       ■所有：子B
■居住：母             居住（家なき子）       ■居住：子B
                    ・父はすでに死亡
         子Bが相続により取得
─────────────────────────────────────────▶
         母死亡                    相続税申告期限
```
❸

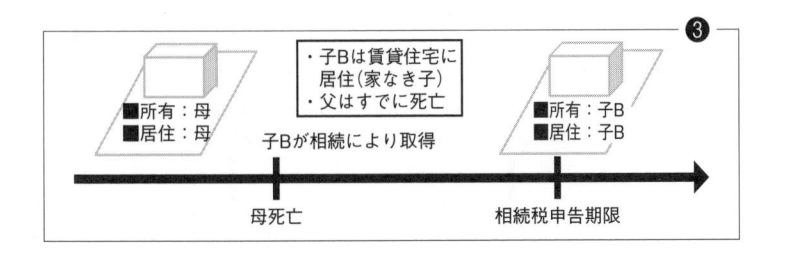

99

❹ 亡くなった親の同一生計親族が住んでいる住宅をその親族が取得した場合

亡くなった父親の所有する住宅の敷地の上に、父親の住宅か、または父親と同一生計の親族の住宅があり、そこにその親族が住んでいた場合（父親は別のところに住んでいたものとします）、その親族がその住宅の敷地を相続・遺贈により取得したときにも特定居住用宅地等の80％減額の特例の適用を受けることができます。

同一生計というのは、いわば親と財布が一緒だということですが、詳しくは91頁のコラムをご覧下さい。

(4) 貸付事業用宅地等の50％減額の特例もある

小規模宅地等の特例には、いくつかの区分がありますが、前述の**特定居住用宅地等の特例**という区分のほかに、「**貸付事業用宅地等**」という区分もあります。特定居住用宅地等の特例が亡くなった人の自宅の敷地などに適用され、240㎡（平成27年1月1日以後の相続は330㎡）を上限に、80％の減額が受けられるのに対し、貸付事業用宅地等の特例は亡くなった人が所有していたアパート

■所有：父
■居住：同一生計親族　親族Cが取得　　　■所有：親族C
　　　　　　　　　　　　　　　　　　　　■居住：親族C

父死亡　　　　　　　　　　　相続税申告期限

❹

第1章 親が死ぬ前に知っておかなければいけない「相続税」の話

などの賃貸物件の敷地に適用され、200m²を上限に50％の減額を受けることができます。

親が自分の住んでいる住宅以外にも賃貸マンションを所有している場合には、下の算式を満たす面積の範囲内で、複数の宅地で小規模宅地等の特例の適用を受けることもできます。

この場合、最も減額幅が大きくなるように特例の適用を受ける宅地を選択すると相続税額が小さくなります。

もちろん、どのように特例を適用するかは、納税者に意思に任されていますが、相続税の申告の際に決めた選択のしかたは、申告した後で変更することはできません。

[平成26年まで（改正前）]

（特定居住用宅地等の面積）×5/3＋（貸付事業用宅地等の面積）×2≦400m²

[平成27年から（改正後）]

（特定居住用宅地等の面積）×$\frac{200}{330}$＋（貸付事業用宅地等の面積）≦200m²

Column 相続税対策のために遺言状が必要な場合

相続税対策のために遺言状がどうしても必要となる場合があります。

それは、孫など相続権のない人に対して遺産を与えたい場合です。次の相続のことも考えて孫に遺産を与えたいという場合や「家なき子」の特例を使って孫や兄弟姉妹に遺産を遺したいという場合があります。

しかし、遺言状がないと、民法では法定相続人にのみ相続権が与えられます。法定相続人でない孫や兄弟姉妹には、相続権が与えられません。

相続対策で、親から子どもに財産を相続するのではなく、親から孫に財産を遺したい場合には、あらかじめ遺言状を用意しておかなければなりません。

第1章 親が死ぬ前に知っておかなければいけない「相続税」の話

☞ ここがポイント！ 複数の土地がある場合の特例の適用のしかた

小規模宅地等の特例は、複数の土地に適用を受けることができます（67頁参照）。この場合の特例の適用は次のようにします。なお、ここでは、平成26年中に相続があったものとしてご説明します。

【設例】
被相続人　父
相続人　母・子（2人）
宅地　自宅敷地　120m²（6,000万円　1m²当たり5万円）
　　　　　　　　　　　…母が取得
　　　賃貸アパート敷地　200m²
　　　（1億2,000万円　1m²当たり6万円）
　　　　　　　　　　　…子が取得
　　　その他の財産　なし
　　　どちらの宅地も小規模宅地等の特例の適用要件を満たすものとします。

※複数の宅地がある場合の限度面積の計算方法は次のとおりです。（平成26年の相続の場合）。次の計算式を満たすように特例の適用を受ける宅地を選択します。

［限度面積の計算式］

$$\left(\begin{array}{c}特定事業用宅\\地等の適用を\\受ける面積\end{array}\right)+\left(\begin{array}{c}特定居住用宅\\地等の適用を\\受ける面積\end{array}\right)\times\frac{5}{3}$$

$$+\left(\begin{array}{c}貸付事業用宅\\地等の適用を\\受ける面積\end{array}\right)\times 2 \leqq 400m^2$$

103

ケース1　賃貸アパート敷地から特例を適用する場合

まず、賃貸アパートの敷地に貸付事業用宅地等の50％減額の特例を適用してみましょう。

200m^2×2＝400m^{2}となり、これだけで［限度面積の計算式］の上限面積に達します。このため、自宅の敷地には小規模宅地等の特例を適用することはできません。

特例の適用により減額される課税価格は次のとおりです。

（賃貸アパート敷地） 1億2,000万円×50％＝6,000万円

ケース2　自宅の敷地から特例を適用する場合

最初に自宅の敷地に特定居住用宅地等の80％減額の特例を適用し、次に賃貸アパートの敷地に上限面積まで貸付事業用宅地等の50％減額の特例を適用するものとします。

（自宅の敷地に適用する面積）

120m^2×5/3＝200m^2≦400m^2

（賃貸アパートの敷地に適用する面積）

上限面積のうち未使用分は400m^2－200m^2＝200m^2

貸付事業用宅地等の面積に換算して100m^{2}分（＝200m^2÷2）残っていますので、この分だけ貸付事業用宅地等の50％減額の特例を適用します。

この結果、特例の適用により減額される課税価格は次のとおりです。

（自宅敷地） 6,000万円×80％＝4,800万円

（賃貸アパート敷地） 1億2,000万円×100m^2/200m^2×50％＝3,000万円

（合計） 7,800万円

第1章　親が死ぬ前に知っておかなければいけない「相続税」の話

【どちらが有利か】

ケース1 と ケース2 のどちらが有利なのでしょうか？

一見すると、 ケース2 のほうが有利に見えますが、配偶者の税額軽減との関係も考慮する必要があります。

配偶者の税額軽減が適用されると、配偶者の法定相続分または1億6,000万円のいずれか小さい金額までは相続税がかかりません。

そうすると、 ケース1 では課税価格が6,000万円の減額なのに対し、 ケース2 では、自宅の敷地については、配偶者の税額軽減の特例の適用を受ければ小規模宅地等の特例の適用を受けなくても相続税はかかりませんので、特例のダブル適用により、いわばムダが生じており、 ケース2 の課税価格の実質的な減額は、賃貸アパートに係る3,000万円分だけということになります。

このため、配偶者の税額軽減の特例を限度額いっぱいまで使っているような場合には、実は ケース1 の方が有利になることもあります（遺産全体の金額や遺産分割のしかたなどによって変わります）。

(5) もう一つの相続税対策〜生前贈与

もっともオーソドックスな相続税対策は、親が生きている間に、親から孫などに財産を贈与して親の相続財産を減らすことです。この贈与のことを「生前贈与」といいます。贈与というのは無償で（ただで）財産を他の人に与えることをいい、与える人のことを**贈与者**、もらう人のことを**受贈者**といいます。

なぜ生前贈与が相続税対策になるのでしょうか。財産を贈与すると、その財産をもらった受贈者に贈与税がかかります。**相続人などに贈与した財産は亡くなる3年以内に贈与したものを除いて相続税が課税されません**（贈与をすれば、被相続人の財産ではなくなるのですから当然のことです）。ですから、**贈与の際の贈与税が、相続税よりも安いなら節税になるわけです**。

贈与税には2種類あります。**暦年課税（普通の贈与）**と**相続時精算課税**の2つの課税方式です。

暦年課税というのは、年間110万円（基礎控除額）以下の贈与なら贈与税がかからない制度です。

他方、相続時精算課税は贈与時には贈与税を軽く課税する代わりに、将来、相続があった時にはその贈与財産を相続税で課税し直す制度です。この方式を選択した場合は、贈与時には贈与財産が2,500万円まで贈与税はかからず、それを超える部分についても20

第1章　親が死ぬ前に知っておかなければいけない「相続税」の話

> 贈与税は次のように計算します。
>
> 贈与税＝（1年間に贈与を受けた財産の価額の合計額）×税率
>
> （例）贈与財産の価額の合計が400万円の場合の贈与税額（現行）
> 　　400万円－110万円（基礎控除額）＝290万円
> 　　290万円×15％（税率）－10万円（税率表の控除額）＝33.5万円
> 　　（贈与税）
>
> **【贈与税（暦年課税方式）の税率表】** 平成25年度税制改正
>
> | 基礎控除(110万円)後の課税価格 | 改正前(平成26年まで) || 改正後（平成27年以後） ||||
> |---|---|---|---|---|---|---|
> | ^ | ^ | ^ | 20歳以上の者が直系尊属から贈与を受けた財産 || 左記以外の財産 ||
> | ^ | 税率 | 控除額 | 税率 | 控除額 | 税率 | 控除額 |
> | ～200万円 | 10％ | — | 10％ | — | 10％ | — |
> | 200万円～300万円 | 15％ | 10万円 | 15％ | 10万円 | 15％ | 10万円 |
> | 300万円～400万円 | 20％ | 25万円 | ^ | ^ | 20％ | 25万円 |
> | 400万円～600万円 | 30％ | 65万円 | 20％ | 30万円 | 30％ | 65万円 |
> | 600万円～1,000万円 | 40％ | 125万円 | 30％ | 90万円 | 40％ | 125万円 |
> | 1,000万円～1,500万円 | 50％ | 225万円 | 40％ | 190万円 | 45％ | 175万円 |
> | 1,500万円～3,000万円 | ^ | ^ | 45％ | 265万円 | 50％ | 250万円 |
> | 3,000万円～4,500万円 | ^ | ^ | 50％ | 415万円 | 55％ | 400万円 |
> | 4,500万円～ | ^ | ^ | 55％ | 640万円 | ^ | ^ |

☞ ここがポイント！　贈与税の計算のしかた

【生前贈与をした場合の贈与税と相続税の取扱い】

税　目	課税時期	内　容
贈与税	贈与をした年	贈与財産をもらった子が贈与税を課税されます。
相続税	相続税の申告時	相続が相続開始前3年以内に受けた贈与財産は暦年課税方式を利用した贈与の場合でも、その贈与財産の価額を相続財産に加えて相続税の計算をしなおします。それ以前の贈与財産については相続財産には加えません。 なお、相続財産に加えた贈与財産について贈与時に課税された贈与税は、相続税から控除されます（贈与税額控除）。

%の低率で課税されます。しかし、将来相続があった時には、その贈与財産の価額を相続財産に加えて相続税の計算をしなおすことになります。このときに贈与時に納付した贈与税は精算されます。

どちらを適用するかは納税者が決めることができますが、**一度でも相続時精算課税方式を使うと、以後は暦年課税方式を使うことはできず、相続時精算課税方式が強制的に適用されるようになります。**

相続時精算課税方式は、将来、相続税がかからない場合には贈与時に贈与税がかからない（ということは、ずっと税金がかからない）のでメリットがありますが、将来、相続税が課税されることが見込まれる場合には、相続の時に相続税が課税し直されてしまいますので、相続税対策としてのメリットはあり

108

第1章 親が死ぬ前に知っておかなければいけない「相続税」の話

ません。このため、**通常、相続税対策では暦年課税方式を利用します。**

暦年課税方式の贈与税の税率は相続税よりも高く設定されています。また、平成25年度税制改正により平成27年1月1日以後の贈与については、20歳以上の者が直系尊属から贈与を受けた財産に係る税率が新しく設けられたほか、一般の贈与に係る税率も改正されました。

相続税対策としての生前贈与は、平たくいうと、将来課税される相続税の税率よりも低い区分で贈与税が課税されるように、生きている間に財産を(場合によっては小分けにして何年にもわたって)贈与することです。

たとえば、親の遺産総額が全体で1億円(法定相続人1名とします。)あり、適用される相続税の税率区分が30％の場合を考えてみましょう。

この場合は、親から子、親から孫等へ贈与税が20％以下になるような範囲内の金額(4000万円以下)で贈与を行います。この贈与した財産については、30％－20％＝10％分の節税ができたということになります。これが生前贈与を節税対策として使う場合の基本的な考え方です。

ここがポイント！　生前贈与をするときはこんなことに注意する

● 名義預金にならないように贈与する

金銭で生前贈与を行う場合には、いくつか注意点があります。

その一つが名義預金にならないように贈与するということです。

名義預金とは、たとえば名義は子どもの名前になっているけれども実質的には父が管理しているような預金口座（50頁参照）のことをいいます。

名義預金は税務上の取り扱いも父の財産として取り扱われます。せっかく子どもに贈与したのに、後になって子どもの財産として認められなかったとしたら困ります。

そこで、金銭を贈与する場合には、名義預金にならないような贈与のしかたをする必要があります。

次の点に注意します。

(1) 贈与契約書を作る

贈与は、自分の財産を無償で与える意思を相手方に示し、相手方がそれを受諾することによって成立する契約です。贈与契約は口頭でも成立しますが、契約書を作成して契約があったことを証明できるようにしておきます。

金額が大きい場合には、証明力を高めるために公証人役場で確定日付を付与してもらうのも有効です。確定日付は贈与時に確かにその契約書があった（＝後日作られたものではな

110

第1章 親が死ぬ前に知っておかなければいけない「相続税」の話

い）ということを証明する意味合いがあります。

金銭の贈与の場合などは、「実際に親の預金口座から子どもの預金口座に振り込めば、贈与したことが証明できるから契約書の作成は不要ではないか?」という疑問もわきます。しかし、単に金銭を振り込んだだけでは、それが貸したからなのか、それともあげたからなのかは分かりません。どうして金銭が移動したのか、金銭を移動させた理由を説明し、証明するのが契約書の役割です。

(2) **実際に贈与の内容を実**

【贈与契約書のひな形】

贈与契約書

贈与者　高山忠夫（以下「甲」という）と受贈者　高山正宏（以下「乙」とは以下のとおり贈与契約を締結した。

第1条　甲は乙に対し、金銭 500 万円を贈与することを約し、乙はこれを承諾した。

第2条　甲は、平成 25 年 9 月 1 日までに受贈者の次の口座に振り込むことにより前条の金銭を支払う。

　　　　■■銀行渋谷支店　普通預金　123456789

　　　　口座名義人　高山正宏

平成 25 年 8 月 25 日

　　　　　　　　贈与者（甲）　住所

　　　　　　　　　　　　　　　高　山　忠　夫　印

　　　　　　　　受贈者（乙）　住所

　　　　　　　　　　　　　　　高　山　正　宏　印

行する

贈与契約書に書いた贈与の内容を実際に実行します。贈与契約書を作っただけで安心してしまい、贈与をするのを忘れてしまっては何の意味もありません。金銭の贈与の場合は、後日、贈与を本当に実行したことを証明できるように、現金で贈与するのではなく、親の預金口座から子どもの預金口座へ送金することによって実行します。

(3) 預金口座の管理支配を受贈者に移す

金銭を贈与する場合は、できれば子ども（受贈者）本人の既存の預金口座を使います。本人が管理支配していることが収支の状況から明らかな預金口座が望ましいといえます。

預金口座を新規に作る場合には、口座の開設手続きは必ず子ども（受贈者）本人が行い、預金通帳や印鑑は本人に預けます。

子ども名義の定期預金を新規に預け入れているケースがよくありますが、このやり方だと本当に贈与が成立しているかどうか証明しにくくなってしまっていることが多いようです。本人の収入・支出等によって本人が管理支配していることが明らかな預金口座に送金するほうが贈与の成立を証明するためにはむしろ望ましいのです。

(4) 贈与税の申告をする

生前贈与をした場合には、その年の翌年2月16日～3月15日に贈与税の申告をします。

贈与税の非課税ライン（基礎控除額）は1年当たり110万円です。

よくご相談を受けるのが、「贈与する額は、贈与税がかからないように110万円以内の金額にしておいたほうがいいのですよね？」というものです。

112

第1章　親が死ぬ前に知っておかなければいけない「相続税」の話

この点については、将来、相続税がかかると見込まれるために相続対策として生前贈与をするのであれば、贈与が成立していることを証明するために、むしろ贈与税の申告をしておいたほうが望ましいのです。贈与税の申告をすることによって、その申告書が贈与の証拠書類の一つになるからです。

親から子に対し110万円の贈与がしたいのであれば、あえて111万円の申告をして1、000円の贈与税を納付したほうがよいといえます。

● 連年贈与にならないように気をつけること

贈与税が思わぬ形で多額にかかってしまうことがあります。

毎年、契約書を作成するのも面倒だからと考えて、贈与契約に「毎年、子どもに100万円ずつ10年間にわたって贈与する」と書いた場合、このような贈与のしかたを連年贈与ということがありますが、贈与税の取り扱いに注意が必要です。

このケースでは、1年間の贈与額は基礎控除額である110万円以下となるため、贈与税の申告は不要ではないかと考える方が多いと思いますが、実は違います。

1年ごとに100万円の贈与を受けると考えるのではなく、契約をした年にある権利＝10年間で1,000万円の支払いを受けられる権利の贈与を受けたと考えるのです。これを「有期定期金に関する権利」といい、その評価額は所定の方法にしたがって評価すると600万円になります。つまり、600万円相当の権利の贈与を受けたということになり、基礎控除額の110万円を超えますから、贈与税の申告が必要になります。税額は82万円となります。

このような連年贈与の認定を受けないようにするには、贈与契約は毎年の判断で行うこと、

113

契約書は毎年作成することが必要です。
また、毎年、同じ時期に同額を支払うような贈与のしかたをしないことも一つの工夫です。

(6) 贈与税の配偶者控除の特例を利用する

贈与税にも特例が設けられていますので、2つほどご紹介しましょう。まず一つ目は贈与税の配偶者控除の特例です。

これは、**婚姻期間が20年以上の夫婦の間で、居住用不動産または居住用不動産を取得するための金銭の贈与が行われた場合、贈与税の計算をする際に、基礎控除額110万円のほかに最高2,000万円まで控除できるという特例**です。

この特例を適用するためには、次の要件をすべて満たすことが必要です。

① 夫婦の婚姻期間が20年を過ぎた後に贈与が行われたこと。
② 配偶者から贈与された財産が、自分が住むための居住用不動産か、または居住用不動産を取得するための金銭であること。
③ 贈与を受けた年の翌年3月15日までに、取得した居住用不動産に受贈者が現実に住んでおり、その後も引き続き住む見込みであること。

この特例は同じ配偶者からの贈与については一生に一度しか適用を受けることができません。

また、贈与を受けた年が相続開始前3年以内であっても、この贈与税の配偶者控除の適

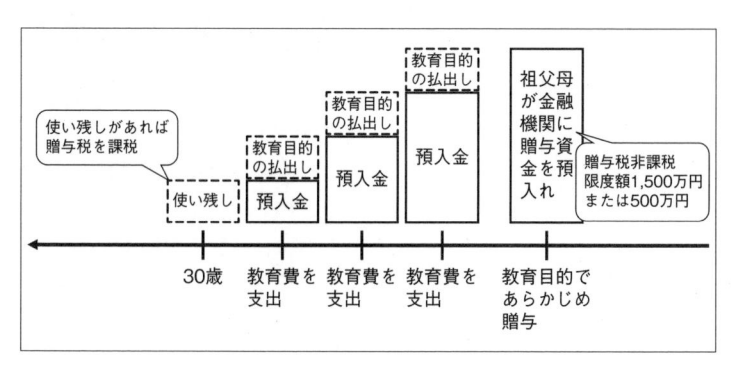

第1章　親が死ぬ前に知っておかなければいけない「相続税」の話

用を受けた財産については、相続税の課税価格に加算されません。

(7) 教育資金の一括贈与の非課税の特例を利用する

平成25年度税制改正

贈与税の二つ目の特例は、**祖父母から30歳未満の子、孫に教育資金を贈与した場合に贈与税が非課税となる特例**です。平成25年度税制改正により新たに設けられました。（平成25年4月1日から平成27年12月31日までの間の贈与に限ります）。

制度の概要は以下のとおりです。

① 祖父母（贈与者）は、金融機関に子・孫（受贈者）名義の教育資金口座を開設し、教育資金を一括して拠出します。

その際、金融機関を経由して「教育資金非課税申告書」を提出します（税務署での手続は必要ありません）。

				祖父母が金融機関に贈与資金を預入れ
			教育目的の払出し	
		教育目的の払出し	預入金	
	教育目的の払出し	預入金		
使い残し	預入金			贈与税非課税限度額1,500万円または500万円

使い残しがあれば贈与税を課税

30歳　教育費を支出　教育費を支出　教育費を支出　教育目的であらかじめ贈与

115

↓

> 子・孫ごとに1,500万円（学校等以外に支払う場合は500万円）まで贈与税が非課税

② 金融機関は教育資金の使途を領収書等でチェックし、書類を保管します。
③ 子・孫が30歳になった日に口座は終了します。
④ 教育資金口座が終了した場合には、使い残しの金額等について贈与があったこととされ、贈与税が課税されます（税務署に贈与税申告書を提出します）。

第2章
親が死ぬ前に知っておかなければならない「相続」の話

> あいまいな相続の知識は、無用な争いの元です。親の相続で「だれが」「何を」「どれだけ」相続するかなど、円満な相続に欠かせない相続の知識を事例を交えて解説します。

相続とは

相続とは、親が亡くなったとき、亡くなった親の財産を子どものあなたを含めた、だれかに引き継がせるための制度です。

「ウチの親は、財産がないから、相続なんて関係ない」と言う方が大勢いますが、借金などの「マイナスの財産」も相続財産に含まれます。例外として、亡くなった親の財産がプラス・マイナス「ゼロ」なら、親の相続は問題になりません。しかし、このようなキッチリとした親はまずいないでしょう。したがって、**相続は親を持つすべての子どもにとって、「関係ない」ではすみません。**

さて、**親の財産を子どもが相続によって引き継ぐ場面は2つあります。1つ目は、親が相続の仕方について「遺言」という形で「私はこのように自分の財産を残す」と意思表示をしている場合です。**この場合は、原則として親が残した遺言書の内容に従って親の財産は子ども等に引き継がれます。2つ目は、**親が遺言書を残さないで亡くなった場合です。**この場合は、法律（民法）が定めたルールを参考にして、子ども等の相続人全員が、親の財産を具体的にどのように分けるかを話し合いで決めます。この話し合いのことを「遺産

第2章　親が死ぬ前に知っておかなければならない「相続」の話

分割協議」といいます。身内同士が親の相続でもめる、いわゆる"争族"のほとんどは、遺産分割協議がまとまらないために起きています。

いったん"争族"が起きると、子ども等の相続人は、貴重な時間とお金を無駄にします。そして精神的・肉体的に深い傷を負い、親子・兄弟姉妹の絆は断たれてしまいます。

では、"争族"を起こさずに、親の相続を無事に終わらすにはどうしたらよいのでしょうか。

それにはまず、子どもが相続について正しい知識を得ることです。次に、その知識を基に、親が亡くなったらどのような事態が家族に起きるのかを客観的にとらえることです。そして、その事態に対して、親が元気な内に適切な対策を講じることです。

この章では、親の相続について「いつ」「だれが」「何を」「どれだけ」相続するのか、ならびに「親の遺産の分け方」について解説します。さらに筆者が実際に相談を受けた親の相続で、"争族"に巻き込まれた子どもを10例ご紹介します。

この章をお読みいただければ、相続で何が起きるのかを把握できて、親の相続対策を講じるきっかけになります。では、さっそく本論に入りましょう。

119

1. 親の相続は「いつ」始まって「何が」起きるのか

親の相続は、親の死亡によって開始します。親が死亡すれば、その瞬間に法律で親の財産を引き継ぐ権利のある人（法定相続人、以下相続人といいます。P122参照）について相続が開始し、相続人による遺産の共有がはじまります。

共有とは、数人が1つの物を所有している状態のことをいいます。たとえば、父親が所有している土地や建物は、父親が病院で医師から「ご臨終です」と言われて死亡した瞬間に、妻や子ども等の複数の相続人の所有物となってしまうのです。

これは、子ども等の相続人が、父親の死亡を知っている・知らない、死亡届を出した・出していない、不動産登記簿謄本の所有者を変更した・していないなどを問いません。まさに、親が死亡した瞬間に親の土地・建物、自動車、預貯金、株、債権・債務など、一部の例外を除いたありとあらゆる財産は相続人間の共有になってしまいます。

財産が共有になると、権利関係が複雑になってしまいます。そのためさまざまな不都合が出てきます。たとえば、親の死亡で共有になった土地を売却したり家屋を取り壊すには、

120

第2章 親が死ぬ前に知っておかなければならない「相続」の話

相続人全員の合意が必要です。親の預金も相続人全員が合意をしないと、いつまで経っても銀行に「凍結」されたままで、名義変更も解約もすることができません。

このように、**親の相続は親の死亡によって問答無用に始まります**。そして、親の死亡の瞬間に一部の例外を除いた親のすべての財産は、共有という複雑な権利関係の状態になってしまうのです。

2. 親の相続人に「だれ」がなるのか（「相続人」の話）

法律は、原則として死亡した人と一定の親族関係があった人に、死亡した人の財産を引き継がせるようにしています。このように、法律によって承継者とされる人のことを**相続人**といいます。

法律が定める相続人の種類は、**配偶者相続人**と**血族相続人**の2つです。

配偶者相続人は、常に相続人になります。配偶者とは婚姻をして戸籍に夫または妻として記載されている者のことをいいます。たとえば、父親が死亡した場合は母親が、母親が死亡した場合は父親が必ず相続人になります。たとえば、父親と母親の仲が悪くて10年間別居をしていても、離婚をしていなければお互い相続人になります。なお、夫婦同然の生活をしているが、入籍をしていない「内縁関係」の男女は、お互い相続人になりません。

一方、**血族相続人には次ページのように優先順位があります。先の順位の者がいれば、後の順位の者は相続人になりません。**

以上から、**親が死亡したときの血族相続人は、子どもであるあなたが存在しているので「第1順位」の子またはその代襲相続人である直系卑族がなります。**おもな事例を次に挙

122

第2章　親が死ぬ前に知っておかなければならない「相続」の話

> ### 相続人の種類と順位
> 第1順位：子またはその代襲相続人(注1)である直系卑属(注2)
> 第2順位：直系尊属(注3)
> 第3順位：兄弟姉妹またはその代襲相続人
> 　※配偶者は常に相続人になる

(注1)「代襲相続人」

被相続人（死亡した人）の死亡以前に、相続人となるべき子や兄弟姉妹の死亡または相続欠格（P169参照）や相続廃除（P128参照）を理由に相続権を失ったときに、その者の直系卑属がその者に代わって、その者の受けるべき相続分を相続することを代襲相続といい、代襲相続する者のことを代襲相続人という。代襲相続人となるのは、具体的には「被相続人の子の子（孫）」、または「被相続人の兄弟姉妹の子（甥・姪）」である（P154参照）。

(注2)(注3)「直系」「直系卑属」「直系尊属」

「直系」とは、血統が直上直下する形で連結している祖父母―父母―子―孫などの親族のことをいう。

「卑属」とは、自分よりも後の世代に属する者で、子・孫・おい・めいなどのことをいう。親の直系卑属は子、孫などが該当する。

「尊属」とは、自分よりも前の世代に属する者で、父母・祖父母・おじおばなどの親族のことをいう。

げます。

①親の一方が生存している場合（1次相続）：配偶者と子ども（あなたと兄弟姉妹）【図1】

②親の一方が既に死亡している場合（2次相続）：子ども（あなたと兄弟姉妹）

③1次相続で、代襲相続が発生する場合：配偶者、子ども（あなた）と孫（あなたの甥または姪）【図2】

④2次相続で、代襲相続が発生する場合：子ども（あなた）と孫（あなたの甥または姪）【図4】

【図3】

【図2】 父親が既に死亡していて、母親が死亡した場合

● (父) ══════ ● (母)
　　　　　│
　　┌─────┴─────┐
　　○ (あなた)　○ (兄弟姉妹)

【図1】 父親が死亡したが、母親が生存している場合

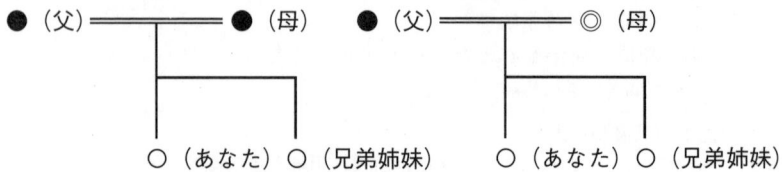

● (父) ══════ ◎ (母)
　　　　　│
　　┌─────┴─────┐
　　○ (あなた)　○ (兄弟姉妹)

【図3】 父親が死亡して母親が生存しているが、兄弟姉妹に父親より先に死亡した者がいて、その者に子どもがいる場合

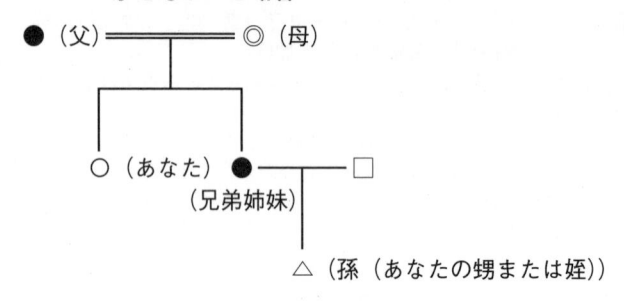

● (父) ══════ ◎ (母)
　　　　　│
　　┌─────┴─────┐
　　○ (あなた)　● ───── □
　　　　　　　(兄弟姉妹)
　　　　　　　　　　│
　　　　　　　　　　△ (孫 (あなたの甥または姪))

【図4】 父親が既に死亡していて、母親が死亡したが、兄弟姉妹に母親より先に死亡した者がいて、その者に子どもがいる場合

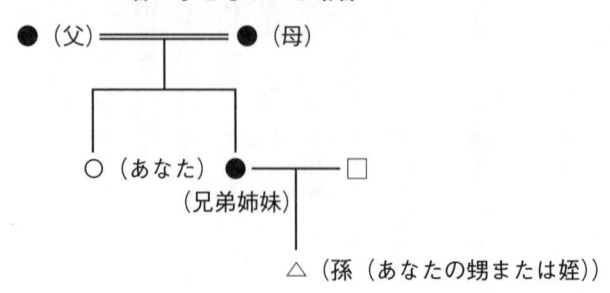

● (父) ══════ ● (母)
　　　　　│
　　┌─────┴─────┐
　　○ (あなた)　● ───── □
　　　　　　　(兄弟姉妹)
　　　　　　　　　　│
　　　　　　　　　　△ (孫 (あなたの甥または姪))

第2章 親が死ぬ前に知っておかなければならない「相続」の話

ここがポイント！ 親の相続人の確認方法（戸籍の集め方）

親が亡くなって相続手続をする際に、金融機関や法務局（不動産の登記手続きの窓口）に、**「親が生れてから死亡までの戸籍謄本」**を提出します。これは、親の相続人がだれであるかを公的文書で証明するために行ないます。実はそこで、親の前婚のときの子ども（異母・異父兄弟姉妹）など**想定外の相続人**が現れることがあります。

親の相続で、想定外の相続人が現れてあわてないために、親の相続人が発生する前に親の戸籍を取り寄せて相続人を確認しておくことをお勧めします。

親の相続人を調べるには、親が生まれてから現在までの戸籍謄本を集めます。請求先は、親の「本籍」がある市区町村です。「住所地」ではないので注意してください。

取り寄せる方法は、本籍地の市区町村役場のホームページに詳しく掲載されています。電話で問い合わせても親切に教えてくれます。

戸籍謄本は郵送で請求することができます。すべての戸籍謄本を収集するには、通常1か月程度かかります。なお、集めた戸籍謄本は、親の相続のときに使用することができます。そのため、親が亡くなってから戸籍謄本を集める手間が省けるので、親の相続手続をすみやかに行うことができます。

さて、集めた親の戸籍謄本から次の点を確認してください。

125

☑ 親の離婚・再婚の有無
☑ 親が離婚・再婚をしている場合は、自分の異母・異父兄弟姉妹の有無
☑ 親の養子の有無
☑ 親の認知の有無

あなたの親が離婚経験者の場合、前婚のときに子どもがいれば、その者も親の相続人になります。

また、親が再婚をした場合は、親が再婚相手の子ども（連れ子）を養子にしていれば、連れ子は親の相続人になります。

戸籍謄本を見て疑問があれば、行政書士などの専門家に相談してきちんと事実確認をしておきましょう。

3 Words
知っておくと役に立つ戸籍用語

①戸籍全部事項証明（戸籍謄本）・個人事項証明（戸籍抄本）

現在の戸籍の内容を証明したものです。「全部事項証明」は戸籍に載っている者全員、「個人

第2章　親が死ぬ前に知っておかなければならない「相続」の話

事項証明」は一部の者の証明です。なお、コンピュータ化した戸籍（印字されている戸籍のこと）を「全部事項証明」「個人事項証明」、コンピュータ化していない戸籍を「戸籍謄本」「戸籍抄本」といいます（注）。

② 除籍全部事項証明（除籍謄本）・除籍個人事項証明（除籍抄本）

戸籍に載っている者が、転籍（本籍を移転すること）・婚姻・死亡などの理由で除籍になったことを証明するものです。「全部事項証明」は戸籍に載っている者全員、「個人事項証明」は一部の者の証明です。なお、コンピュータ化した後に除籍となったものを「除籍全部事項証明」「除籍個人事項証明」、コンピュータ化する前に除籍となったものを「除籍謄本」「除籍抄本」といいます。

③ 改製原戸籍謄本・抄本

戸籍は様式変更やコンピュータ化のため改製（作りかえ）をすることがあります。改製原戸籍とは、改製前の元の戸籍に載っている内容を証明する文書です。「改製原戸籍謄本」は、改製原戸籍に載っている者全員、「改製原戸籍抄本」は一部の者の証明です。

（注）戸籍のコンピュータ化は、平成6年の戸籍法改正により全国の役所ごとに順次行われています。

127

Column 親は子どもから相続権を奪うことができる（「廃除」について）

親からみて、自分の財産を相続させたくないと感じるような非行が子どもにあった場合には、親は、家庭裁判所の審判または調停によって子どもの相続権を奪うことができます。これを廃除といいます。

廃除の請求は、親が①自分に対する子どもからの虐待もしくは重大な侮辱、または②その他著しい非行がある場合に、親から家庭裁判所にすることができます。

廃除は相続人から相続権を奪うという、重大なことです。そのため、親から廃除の請求を受けた家庭裁判所は、親の請求を慎重に判断し、親の主張を認めて子どもを廃除するか、または廃除するほどの非行ではないと判断をして廃除を認めないかを決めます。

また、親は遺言によっても子どもを廃除する意思を示すことができます。この場合は、親の死亡後に、親が遺言書で指定した遺言執行者が家庭裁判所に廃除の請求をします。

親は、自分の意思で、子どもを自分の相続人から除くことができるということを覚えておいてください。

第2章 親が死ぬ前に知っておかなければならない「相続」の話

3. 親の何を相続するのか（「相続財産」の話）

民法では「相続人は、相続開始の時から、被相続人の財産に属した一切の権利義務を承継する。ただし、被相続人の一身に専属したものは、この限りでない」としています。つまり、**親が死亡すると、親の財産に属した一切の権利義務は、例外を除き、相続人が引き継ぐことになります。**

(1) 相続財産の対象となるもの

相続人が承継する権利義務の事例
・個別の動産・不動産などの権利
・債権・債務
・財産法上の法律関係ないし法的地位　など

(2) 相続財産の対象から外れるもの

① 被相続人の一身に専属したもの

一身専属権とは、個人の人格・才能や地位と密接不可分の関係にあるため、他人による権利行使・義務の履行を求めるのが不適当な権利義務のことをいいます。具体的には次のようなものがあります。

- 雇用契約による労働債務
- 特定のデザイナーによる製作や芸術作品を作る債務
- 生活保護受給権
- 恩給受給権
- 公営住宅の使用権 など

② 祭祀財産

祭祀財産とは、先祖を供養・祭祀するための財産をいいます。具体的には、祭具（位牌、仏壇仏具、神棚、十字架）、墳墓（敷地としての墓地を含む）などがあります。

祭祀財産は、祖先の祭祀を主宰すべき者（祭祀主宰者）が承継します。法は、祭祀主宰者を（イ）被相続人の指定（ロ）指定がない場合には、慣習（ハ）慣習が明らかでない場合には、家庭裁判所の審判の以上（イ）から（ハ）の順で決めると定めています。

第2章 親が死ぬ前に知っておかなければならない「相続」の話

③ 被相続人の死亡によって生じる権利で、被相続人に属さない権利

- 死亡退職金…法律・内規・就業規則などで、受給権者の範囲や順位が定められている
- 遺族年金…受給者固有の権利である
- 生命保険金…受取人が妻や子など相続人中の特定の者である場合は、相続財産にならない。なお、受取人が死亡した被保険者自身の場合には、相続財産となる

Column

香典は相続財産か

香典は、死者への弔意、遺族への慰め、葬儀費用など遺族の経済的負担の軽減などを目的とする、祭祀主宰者や遺族への贈与です。したがって、相続財産に含まれません。

一般的に香典は、葬儀費用に充当します。もし、余りがあれば、祭祀主宰者が以後の供養・祭祀などに用いることができます。

4. 親の財産をどれだけ相続するのか（「相続分」の話）

相続分とは、相続人が複数いる場合に、各相続人が相続すべき権利義務の割合、つまり積極財産（プラスの財産）・消極財産（マイナスの財産）を含む相続財産全体に対する各相続人の持分をいいます。2分の1とか3分の1というような抽象的な割合で示されます。

(1) 法定相続分と指定相続分

被相続人は、遺言によって相続分を決めることができます。たとえば、被相続人の妻と子2人の合計3人が相続人の場合、「各人3分の1ずつ相続させる」という遺言をすることができます。

この指定がないときに、民法の定める相続分**（法定相続分）**の規定が適用されます。法定相続分は、相続人の種類によって次のように定められています。

① 子どもと配偶者

子どもと配偶者が相続人の場合は、子どもの相続分と配偶者の相続分は各2分の1。子どもが複数いるときは、2分の1を人数の頭割りで分けます。なお、被相続人の配偶者が

第2章　親が死ぬ前に知っておかなければならない「相続」の話

【法定相続分の一覧】

相続人	配偶者	子	直系尊属	兄弟姉妹
①子どもと配偶者	1/2	1/2		
②配偶者と直系尊属	2/3		1/3	
③配偶者と兄弟姉妹	3/4			1/4

【遺留分の計算方法】

相続人が①配偶者A ②子B、C、Dの場合
①配偶者A：1/2（法定相続分）×1/2（遺留分）＝1/4
②子B、C、D1人当たり：1/2（法定相続分）×1/2（遺留分）×1/3（人数）＝1/12

既に死亡している場合は、子どものみが相続人になります。子どもが複数いる場合は、頭割りで振り分けます。

② 配偶者と直系尊属
配偶者と直系尊属が相続人である場合は、配偶者の相続分は3分の2、直系尊属の相続分は3分の1です。

③ 配偶者と兄弟姉妹
配偶者と兄弟姉妹が相続人であるときは、配偶者の相続分は4分の3、兄弟姉妹の割合は4分の1です。兄弟姉妹が複数いるときは、4分の1を人数の頭割りで振り分けます。

(2) 遺留分

遺留分制度とは、**兄弟姉妹を除く相続人**（配偶者、子、直系尊属）に対して、被相続人の財産の一定割合について相続権を保障する制度です。

遺留分の割合は、直系尊属のみが相続人の場合は、被相続人の財産の3分の1、その他の場合は、被相続人の財産の2分の1です。

この遺留分の割合に、各自の法定相続分をかけたものが、各自の個別の遺留分になります。

なお、兄弟姉妹には遺留分はないので、子のない夫婦の夫が「すべての財産を妻に相続させる」という遺言書を残せば、遺言のとおり、妻は夫の財産をすべて相続することができます（ただし夫の両親が既に死亡している場合）。

☝ ここがポイント！　法定相続分は一応の目安にしかすぎない（法定相続分の意義）

各相続人が取得する遺産の割合が、法定相続分で自動的に決まると思っている人がいますが、そうではありません。

法定相続分は一応の目安にしかすぎません。被相続人から特定の相続人が生前贈与を受けていたり（たとえば、親から家を建てるときに金銭の援助を受けた子どもなど。**「特別受益」**といいます）、特定の相続人が被相続人の財産形成に多大な寄与をしていた場合（親の事業を手

134

第2章　親が死ぬ前に知っておかなければならない「相続」の話

伝って、業績を伸ばした子どもなど。「寄与分」といいます）には、こうした事情を考慮しながら、**具体的な相続分**が算出され、これを基礎に遺産分割がなされ、最終的に相続人個人の相続財産が確定します。

遺産分けは遺産の額に各相続人の法定相続分をかけて「ガラガラ、ポン」とすんなりと決まるようなものでないことを覚えておいてください。

Column

遺留分を侵害した遺言書は無効か

多くの遺言・相続の本で「相続人の遺留分を侵害しない遺言を残すように」と書かれています。そのためか、遺言を残すときは、相続人の遺留分を必ず確保しなければいけないと思い込んでいる人が大勢います。

自分の財産を、だれに何をどれだけ残すかは、遺言者の自由に任されています。ですから、相続人が複数いても、その内の1人に「すべての財産を相続させる」という遺言書を残しても法的に問題はありません。

ただし、ご説明したとおり兄弟姉妹を除く相続人には最低限の相続分として遺留分が保障されているので、被相続人の遺言によって遺留分を侵害された相続人は、遺言によって多く財産

を取得した者から、侵害された遺留分を取り戻す権利があります。この権利のことを「遺留分減殺請求権」といいます。

なお、遺留分減殺請求権は、遺留分権利者が、相続の開始および減殺すべき贈与または遺贈があったことを知った時から、１年間経過すると時効によって消滅し、相続開始から10年間経過したときも消滅します。

第2章 親が死ぬ前に知っておかなければならない「相続」の話

5. 親の相続における、子どもの3つの選択権

親の相続による相続財産の承継は、相続人である子どもの意思に関係なく、また子どもが親の死亡や自分が相続人になったことを知っている・知らないに関係なく生じます。しかし、親から相続される財産には借金などの負債も含まれます。また、子どもの親に対する感情や、相続の話し合いに参加をしたくないなどの理由で、親に財産があっても、親の財産を引き継ぐことを望まない子どももいます。

そこで法律は、原則として親の相続が開始すると、親の財産は子どもらの相続人に引き継がれるとしながらも、一方で、相続財産を親の負債も含めて全面的に引き継ぐ**単純承認**、逆に親の財産を引き継ぐことを全面的に拒否する**相続放棄**、そして相続した資産の範囲内で債務などの責任を負う**限定承認**の以上3つのいずれかの選択権を子どもに与えています。

相続の選択をするためには、相続人が相続財産の状況を調査して損得を考える時間が必要です。この時間のことを**熟慮期間**といいます。**法律は、親の死亡による相続の熟慮期間について「自分のために親の相続の開始があったことを知った時」から起算して、3か月以内と定めています。**

137

【図5】 相続人に保障されている3つの選択権

```
            ┌─ 単純承認
            │  相続財産を負債も含めて全面的に引き継ぐ
            │
相続財産 ───┼─ 相続放棄
            │  相続財産を引き継ぐことを全面的に拒否する
            │
            └─ 限定承認
               相続した資産の範囲内で債務などの責任を負う
```

では、それぞれの選択について詳しく見てみましょう。

(1) 単純承認

単純承認とは、子どもが、親の一身専属的な権利（P130参照）を除いて、死亡した親の一切の権利義務を引き継ぐことです。単純承認を選択した子どもは、**親の遺産がトータル的にマイナスになった場合、自腹を切って親の借金を支払わなければなりません**。そのような事態に陥らないために、単純承認をしたとみなされる行為を次にご紹介します。

・**相続財産の全部または一部の処分**

たとえば親の遺産の土地を売却したり、親の預金を解約して私用に使う行為です。ただし、次の行為は単純承認をしたとみなされません。

・さほど高額でない品の形見分け
・一般常識の範囲内の費用で葬儀を行うための被相続人名義の預金の解約

第2章　親が死ぬ前に知っておかなければならない「相続」の話

- 一般常識の範囲内の価格の仏壇や墓石を購入するための被相続人名義の預金の解約
- **熟慮期間（3か月以内）に相続放棄や限定承認をしなかったとき**

自分のために親の相続の開始があったことを知ってから3か月以内に相続放棄や限定承認をしないと、単純承認をしたとみなされます。

親の遺産は土地・建物や預金などのプラスの財産だけではありません。借金などのマイナスの財産も遺産に含まれること、並びに安易に親の遺産に手をつけると親の借金を払うハメに陥ることがあることを覚えておいてください。

(2) 相続放棄

相続人には、自らの意思で相続しないことを選択する自由が認められています。このことを相続放棄といいます。たとえば、親のプラスの財産（不動産、預貯金等）が2千万円、マイナスの財産（借金等）が3千万円の場合、子どもが親の財産を単純承認してしまうと1千万円を子ども自身の財産から返済しなければなりません。このような事態を避けるために相続放棄は多く選択されています。

相続放棄は、その旨を家庭裁判所に申し立てすることによって行います。ただし、相続放棄の申し立ては子どもが自分のために相続があったことを知ってから3か月以内に行わ

139

なければなりません。親が亡くなって3か月はあっという間に過ぎてしまいます。親にマイナスの財産がある子どもは、親が元気なうちに内容を把握しておきましょう。

(3) 限定承認

限定承認を選択した相続人は、相続した財産の範囲内で被相続人の債務を返済し、余りがあればその分を相続できます。このように限定承認は合理的な制度です。しかし、限定承認をするためには、財産目録を作成して家庭裁判所に提出し、相続人全員が共同して限定承認をする旨を家庭裁判所に申し立てしなければならないなど、相続人はたいへん複雑で面倒な手続をしなければなりません。そのため利用者はごくわずかです（平成23年度の家庭裁判所が受理した限定承認の申立て件数は889件、それに対して、相続放棄は166463件）。

👉 ここがポイント！　親が死亡して3か月が過ぎて親の借金が判明した場合どうするか

子どもは、親が死亡してから3か月以内に相続放棄をしなかったら、問答無用に自腹を切っ

第2章　親が死ぬ前に知っておかなければならない「相続」の話

て親の借金を背負わなければならないのでしょうか。

民法は、熟慮期間を「自己のために相続の開始があったことを知った時から」起算して3か月以内と定めています。「相続の開始から3か月以内」ではありません。

子どもが親の死亡を知らずに、親が死亡してから3か月が過ぎてしまうことはめずらしくありません。たとえば、幼いころに両親が離婚をして、生き別れた親が死亡したようなケースです。このような子どもが親の死亡日から3か月を過ぎてから、親の債権者から「あなたの父親の借金を払ってください」と通知されたからといって、親の借金を払わなければならないとすると気の毒です。この場合、子どもが親の債権者からの通知で自分が親の相続人になったことを知ったなら、債権者の通知が着いてから3か月以内に家庭裁判所に相続放棄の申し立てをすれば、おそらく相続放棄が認められるでしょう。

その他、相続人が被相続人に債務がないと信じてもやむを得ないと思われる状況の場合は、親が死亡してから3か月を過ぎていても相続放棄が認められることがあります。

また、死亡した親の財産が複雑などの理由で、財産調査のために親の死亡を知ってから3か月以内に単純承認・相続放棄・限定承認のいずれかを選択する判断が難しい場合は、事前に家庭裁判所に申し立てをすれば**熟慮期間の延長**が認められることがあります。

親の借金が判明して自腹を切らなければならない状況になってしまった場合は、あきらめずに早目に家庭裁判所または法律専門家に相談をしましょう。

6. 親の遺産分けの「2つの鉄則」と「4つの方法」

(1) 親の遺産分けの2つの鉄則

親の遺言書がない場合、親の遺産分けをするためには、相続人同士の話し合い（遺産分割協議）で親の遺産をどうやって分けるのか決めなければなりません。そして、遺産分割協議を成立させるためには次の2つの鉄則があります。この2つの鉄則に反する遺産分割協議は無効となります。

① 相続人全員参加の鉄則
相続人全員が遺産分割協議に参加しなければなりません。
② 相続人全員合意の鉄則
相続人全員が遺産分割協議の内容に合意（賛成）しなければなりません。

この2つの鉄則は、子ども等の相続人に負担を強います。そのため、遺産分けの手続きが難航したり、相続が〝争族〟になってしまうことが後を絶ちません。具体的にどのようなトラブルが相続人を待ち受けているかはP149「7. 親の相続で、〝争族〟に巻き込

142

第2章　親が死ぬ前に知っておかなければならない「相続」の話

まれる子ども、ベスト10」をご覧ください。

(2) 親の遺産分けの4つの方法

遺産分けは、相続人が複数いる場合の遺産の共有関係を解消して、個々の遺産を「土地・建物は長男、車は次男」というように各相続人に配分して、それらを各相続人の単独の所有に戻すものです。

民法は、遺産の分割は「遺産に属する物又は権利の種類及び性質、各相続人の年齢、職業、心身の状態及び生活の状況その他一切の事情を考慮して」行なわなければならないとして、遺産分けの基準を示しています。つまり、年少・高齢や病気・障害のためなどで生活が困難な者への配慮、住居確保の必要性、農業・自営業の確保などを考慮して遺産分けをするようにということです。

民法は、このような基準と法定相続分という遺産分けの目安を提示していますが、「このようにして具体的に分ける」という方法までは提示していません。そのため、親の遺産分けは、相続人である子どもら当事者が協議で行い、協議が調わないときは、家庭裁判所の調停および審判で決めることになります。

なお、遺産分けの具体的な方法は次の4つがあります。

143

① 現物分割

土地・建物は長男、車は長女などのように、現物をそのまま配分する方法。親の遺産が土地や現金などバランスよくあるときに選択しやすい。しかし、**遺産が土地しかないような場合、相続人の間で不公平感が出てしまう。**

② 換価分割

土地・建物、車など個々の遺産を売却し、その代金を配分する方法。**遺産を現金化する**ため、分け方が明確であとで腐れがない。ただし、遺産によっては売却して現金化までに長期間を要したり、思うような価格で売れないこともあるので注意が必要。

③ 代償分割

土地・建物などの現物を特定の者が取得し、取得者は他の相続人にその具体的相続分に応じた金銭を支払う方法。取得者に他の相続人に一括で支払う豊富な現金がある場合は問題ないが、分割払いで支払う場合は、他の相続人は支払いが滞るなどのリスクを背負うことになる。

④ 共有

親が残した土地を、長男と長女が2分の1ずつ取得するといった分け方。共有はひとつの物に複数の者の所有権が生じるため権利関係が複雑になり、**のちのちトラブルを引き起こしやすい**（P120参照）。そのため相続人間で現物分割、換価分割、代償分割がどう

144

【図6】 遺産分割協議の進め方

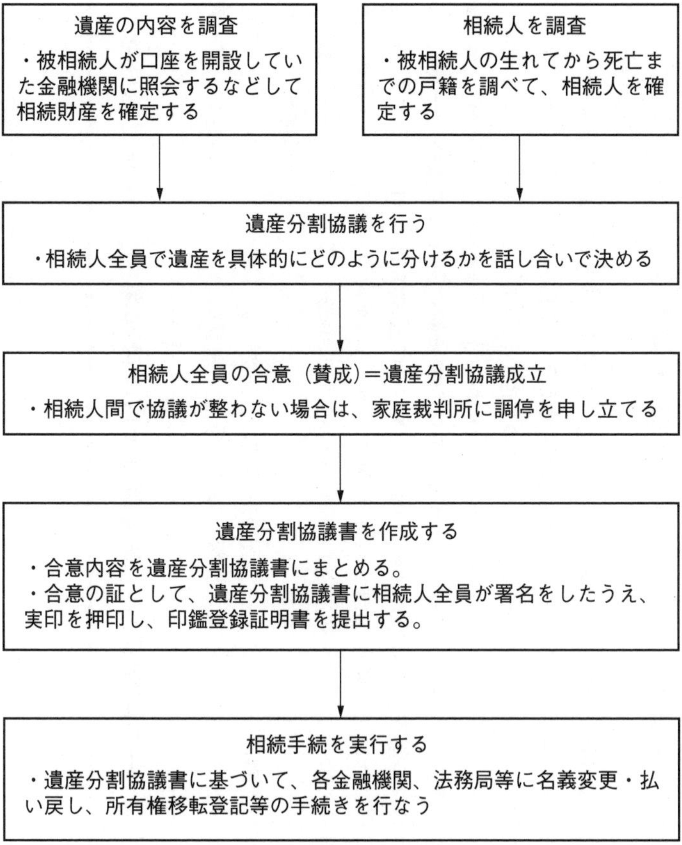

遺産の内容を調査
・被相続人が口座を開設していた金融機関に照会するなどして相続財産を確定する

相続人を調査
・被相続人の生れてから死亡までの戸籍を調べて、相続人を確定する

↓

遺産分割協議を行う
・相続人全員で遺産を具体的にどのように分けるかを話し合いで決める

↓

相続人全員の合意（賛成）＝遺産分割協議成立
・相続人間で協議が整わない場合は、家庭裁判所に調停を申し立てる

↓

遺産分割協議書を作成する
・合意内容を遺産分割協議書にまとめる。
・合意の証として、遺産分割協議書に相続人全員が署名をしたうえ、実印を押印し、印鑑登録証明書を提出する。

↓

相続手続を実行する
・遺産分割協議書に基づいて、各金融機関、法務局等に名義変更・払い戻し、所有権移転登記等の手続きを行なう

してもできなかった場合に選択されるべきである。

ここがポイント！　『相続分なきことの証明書』には要注意！

相続手続では、「相続分なきことの証明書」という文書に署名・押印を求められることがあります。「相続分なきことの証明書」は、数人いる相続人の内、1人の相続人に遺産を集中させたい場合に多く利用されます。

この書類に署名・押印した人は、「自分は、亡くなった人（被相続人）から十分な生前贈与（これを「特別受益」といいます）を受けました。したがって、自分が被相続人から受け継ぐ財産はゼロです。」ということを自ら証明したことになるのです。このことから、**「相続分なきことの証明書」は、事実上、相続放棄と同じ結果をもたらすのです**。つまり、**「相続分なきことの証明書」は、「事実上の相続放棄」と呼ばれることがあります**。

法務局の登記官は、相続人から法務局に「相続分なきことの証明書」が添付された所有権移転登記が申請されると、形式的に相続登記に必要な書類が整ってさえすれば受理します。たとえ「相続分なきことの証明書」に署名・押印した相続人が被相続人から特別受益を受けていなくても関係ありません。

このように、「相続分なきことの証明書」を利用すれば、面倒な遺産分割協議をしなくても

第2章　親が死ぬ前に知っておかなければならない「相続」の話

不動産登記を行なうことができます。そのため、「相続分なきことの証明書」は濫用されやすい傾向があります。

そのため、内容をよく理解しないでこの証明書に署名・押印してしまった相続人が、後から遺産を取得できないことに気付いてトラブルになることも少なくありません。

相続人の1人から**「相続分なきことの証明書」に署名・押印することを要求された場合、少しでも納得いかなければ、遺産分割協議を行うように提案しましょう。**

相続手続には様々な書類に署名・押印する機会があります。「相続分のないことの証明書」のように日頃なじみのない書類もたくさん出てきます。

内容が不明な書類に署名・押印をする必要が生じた場合は、書類を求める人からきちんと説明を受けましょう。そしてしっかりと理解してから署名・押印をするのか判断しましょう。

【参考】
・「相続分のないことの証明書」の文例
「私は、被相続人から既に財産の分与を受けております。したがって、被相続人の死亡による相続について、相続する相続分の存在しないことを証明します。」
・「相続分なきことの証明書」は、その他に**「特別受益証明書」**、**「相続分皆無証明書」**、**「相続分不存在証明書」**などと呼ばれることがあります。

147

Column

親の遺産の見つけ方のコツ

「確かあったはず」という親の銀行の預金通帳などが見つからないことがよくあります。その場合は、親が死亡したことを証明する戸籍謄本と親とあなたが相続関係にあることを証明する戸籍謄本、それにあなたの運転免許証等の写真入の公的証明書を用意して、思い当たる金融機関に問い合わせをしてみましょう。一定の手続きを踏めば、預金の有無について回答されます。

相続財産を探すポイントは次のとおりです。参考にして下さい。

☑ 金融機関からのダイレクトメール、景品（メモ帳、タオル等）
☑ 生前使っていた手帳
☑ パソコンのデータやメール　など

特に、親がパソコンを所有していた場合は、念入りにパソコンのデータを調べてみましょう。

第2章 親が死ぬ前に知っておかなければならない「相続」の話

7. 親の相続で、"争族"に巻き込まれる子ども、ベスト10

親の相続で、相続トラブルに巻き込まれてしまう子どもには、いくつかパターンがあります。その中でも、"争族"危険度が特に高いパターンを10例ご紹介します。もし、当てはまるようなら要注意です。第3章「親が死ぬ前に知っておかなければならない「遺言」の話」を参考にして親に遺言書を早急に検討してもらうようにしてください。

❶ 異母・異父兄弟姉妹がいる人

あなたが親の再婚後に生れた子どもで、親が前婚のときに子どもをもうけていた場合、その子ども（あなたの異母・異父兄弟姉妹）も親の相続人になります（図7参照）。

親の前妻または前夫が異母・異父兄弟姉妹の親権者となった場合、あなたが異母・異父兄弟姉妹と全うことはまずありません。そのため、親が亡くなると、親の再婚後に生まれたあなたには次のようなことで苦労します。

・異母・異父兄弟姉妹の連絡先がわからなくて、遺産分けの話合いをすることができない
・やっと連絡がついても、異母・異父兄弟姉妹が遺産分けに無関心または非協力的で話し

149

【図7】 異母・異父兄弟姉妹がいる場合の相続関係

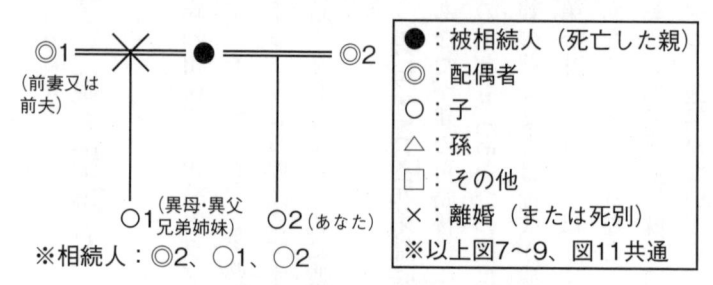

◎1 ──×── ● ──── ◎2
(前妻又は前夫)

○1(異母・異父兄弟姉妹)　○2(あなた)

※相続人：◎2、○1、○2

- ● ：被相続人（死亡した親）
- ◎ ：配偶者
- ○ ：子
- △ ：孫
- □ ：その他
- × ：離婚（または死別）

※以上図7〜9、図11共通

【図8】 親が再婚をした場合の相続関係

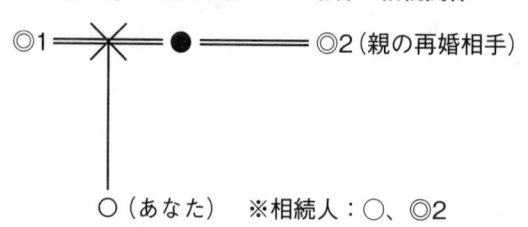

◎1 ──×── ● ──── ◎2（親の再婚相手）

○（あなた）　※相続人：○、◎2

- お互いに感情的になって話がまとまらない
- 合いに応じてくれない

このような状況に陥ると、遺産分けの話し合いが一向に進まず、親の遺産をいつまでたっても相続することができなくなります。

❷ 親が再婚をした人

あなたの親が、離婚後に再婚をすると、再婚相手も親の相続人になります（図8参照）。そのため、あなたは、血のつながらない「赤の他人」と親の遺産を分け合うことになります。

この場合、お互いに複雑な感情を持っていて、遺産分けの話し合いがまとまらないことがよく起きます。

150

第2章 親が死ぬ前に知っておかなければならない「相続」の話

【図9】 親が再婚相手の子ども（連れ子）を養子にした場合の相続関係

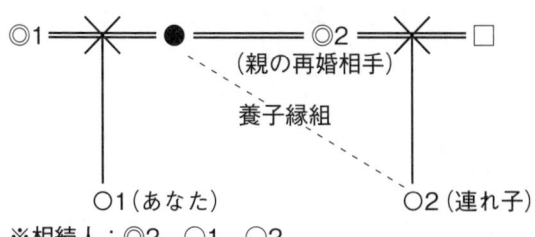

◎1 ━━╳━━ ● ━━━ ◎2 ━━╳━━ □
　　　　　　　　　（親の再婚相手）
　　　　　　　　　　　養子縁組
　　　　○1（あなた）　　　　○2（連れ子）

※相続人：◎2、○1、○2

❸ 親が再婚をして、再婚相手の連れ子を養子にした人

親の再婚相手に子ども（いわゆる「連れ子」）がいて、親がその子どもを養子にすると、連れ子は法的にあなたの親の子どもになります。そのため連れ子も親の相続人になります（図9参照）。

この場合、あなたからすると、親の再婚相手とその連れ子まで親の相続人に加わることになります。そのため、あなたの相続分は親が再婚をする前と比べて激減してしまいます。その上、再婚相手や連れ子と感情的なものつれも加わって、親の相続でもめることがよく起きます。

なお、連れ子は養子に入っても実の親との親子関係が切れることはありません。そのため、実の親（実親）と養子の親（養親）の両方の相続人になります。

❹ 親より先に死亡した兄弟姉妹がいる人

厚生労働省が発表した平成23年簡易生命表によると、男性

の平均寿命は79・44歳、女性の平均寿命は85・90歳です**(図10参照)**。

平均寿命が延びた結果、子どもが親より先に亡くなってしまうことが増えてきました。このことを俗に「**逆縁**（ぎゃくえん）」といいます。逆縁が起きると、親の相続人に意外な人が現れることがあります。

たとえば、あなたの兄弟姉妹が親より先に亡くなってしまった場合、亡くなった兄弟姉妹に子どもがいれば、その子どもが親の相続人になります。つまりあなたの甥・姪（親からみれば孫）が親の相続人になるわけです。このような甥・姪のことを**代襲相続人**（だいしゅうそうぞくにん）といいます**(図11参照)**。

代襲相続人がいると、次のような問題が起きることがあります。

・幼いころから知っている甥や姪と、親の遺産を分け合うという生々しい話し合いをしなければならなくなる

・亡くなった兄弟姉妹の子どもの人数だけ相続人が増える。そのため遺産分けの参加者が増えて、話し合いをまとめることが難しくなる

・甥や姪と世代が違うため、話しがかみ合わない

甥や姪でも、法律的にはあなたと同じ親の相続人です。「おじさんが遺産の分け方を決めるから、言われたとおりにサインしろよ」というわけにはいかないのです。

このように、逆縁により代襲相続人が出てくると親の相続がやりにくくなります。

第2章　親が死ぬ前に知っておかなければならない「相続」の話

【図10】　平均寿命の年次推移（出典：厚生労働省「平成23年簡易生命表の概要」）

(単位：年)

和暦	男	女	男女差
昭和22年	50.06	53.96	3.90
25－27	59.57	62.97	3.40
30	63.60	67.75	4.15
35	65.32	70.19	4.87
40	67.74	72.92	5.18
45	69.31	74.66	5.35
50	71.73	76.89	5.16
55	73.35	78.76	5.41
60	74.78	80.48	5.70
平成2	75.92	81.90	5.98
7	76.38	82.85	6.47
12	77.72	84.60	6.88
13	78.07	84.93	6.86
14	78.32	85.23	6.91
15	78.36	85.33	6.97
16	78.64	85.59	6.95
17	78.56	85.52	6.96
18	79.00	85.81	6.81
19	79.19	85.99	6.80
20	79.29	86.05	6.76
21	79.59	86.44	6.85
22	79.55	86.30	6.75
23	79.44	85.90	6.46

注：1）平成12年以前、平成17年及び平成22年は国勢調査による完全生命表による。
　　2）昭和45年以前は、沖縄県を除く値である。
出典：厚生労働省「平成23年簡易生命表の概況」

【図11】 親より先に死亡した兄弟姉妹がいる場合の相続関係

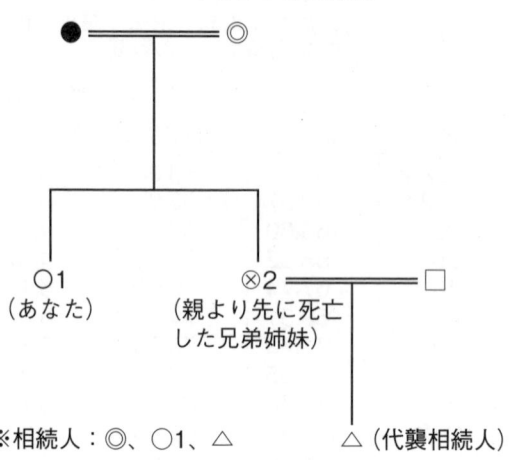

○1（あなた）　　⊗2（親より先に死亡した兄弟姉妹）

△（代襲相続人）

※相続人：◎、○1、△

❺ 行方不明の兄弟姉妹がいる人

親の遺産分けの話し合いは、相続人全員が参加をして、全員が合意をしなければ成立しません。そのため、親が死亡したときに兄弟姉妹などの相続人に「従来の住所・居所を去って容易に帰ってくる見込みのない人（不在者）」がいると、遺産分けの話し合いができなくなってしまいます。

親が死亡したときに不在者の相続人がいる場合は、遺産分けの話し合いをする前に、家庭裁判所に**「不在者財産管理人の選任」**及び**「権限外行為許可の申立て」**を行なわなければなりません。つまり、家庭裁判所から選任された人に、行方不明の相続人に代わって親の遺産分けの話し合いに参加をしてもらうようにするわけです。

なお、生死が7年以上明らかでない相続人、

第2章 親が死ぬ前に知っておかなければならない「相続」の話

または戦争、船舶の沈没、震災などの死亡原因となる危難に遭遇して、その危難が去ったあとその生死が1年間明らかでない相続人がいる場合は、家庭裁判所に「失踪宣告の申立て」をして、失踪宣告をしてもらう方法があります。前者を「普通失踪」、後者を「危難失踪」といいます。

失踪宣告とは、生死不明の者に対して、法律上死亡したとみなす効果を生じさせる制度です。したがって、家庭裁判所から失踪宣告をされた相続人は死亡した者とみなされるので、その者を除いて遺産分けの話し合いをすることができます **(図12参照)**。

❻ 親が認知症の人

認知症等が原因で、**意思能力**（通常人なみの理解及び選択能力）が欠如してしまった人は、遺産分けの話し合いを理解して、賛成・反対の意思を表明することができません。そのため、親の相続で相続人に意思能力が欠如した人がいると、遺産分けの話し合いを成立させることができません。

そこで、意思能力が欠如した相続人の権利を守るために、その者に代わって、遺産分けの話し合いに参加をする者を選任する必要があります。そのために、家庭裁判所に**成年後見の申立て**を行わなければなりません。

この成年後見申立てによって、意思能力の欠如の程度に応じて**「成年後見人」「保佐人」**

155

【図12】 行方不明の相続人がいる場合の家庭裁判所への手続き

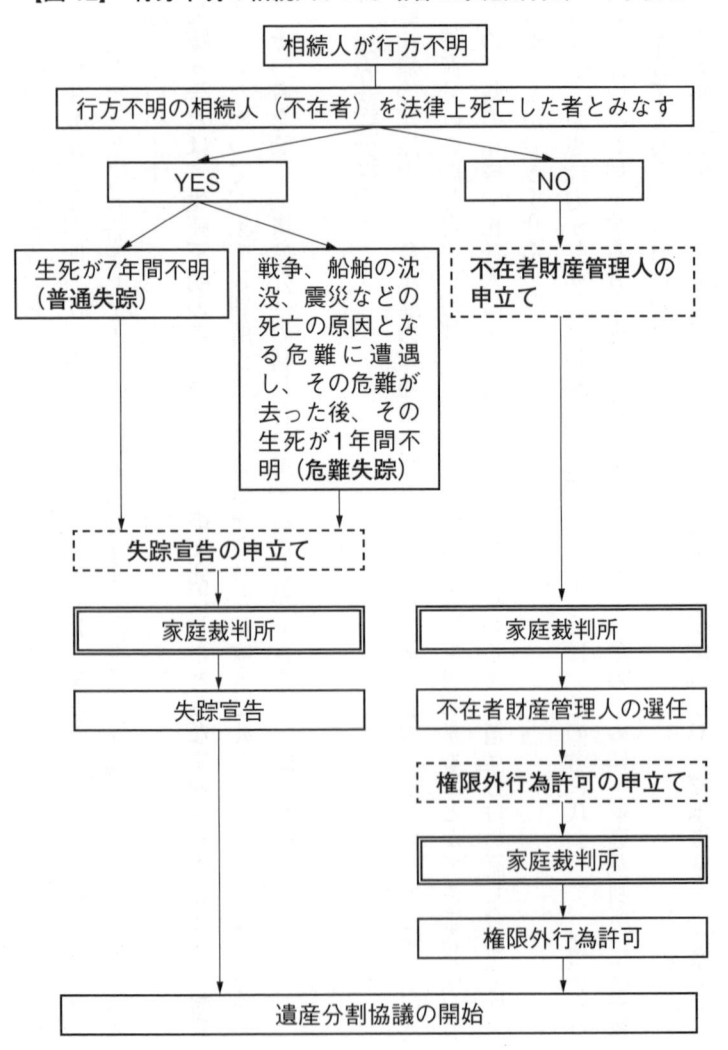

```
                    相続人が行方不明
                          │
         行方不明の相続人（不在者）を法律上死亡した者とみなす
                   │                    │
                 YES                    NO
           ┌───────┴───────┐            │
           │               │            │
     生死が7年間不明    戦争、船舶の沈    不在者財産管理人の
     （普通失踪）      没、震災などの    申立て
                       死亡の原因とな
                       る危難に遭遇
                       し、その危難が
                       去った後、その
                       生死が1年間不
                       明（危難失踪）
           │               │            │
           └───────┬───────┘            │
                   ▼                    ▼
              失踪宣告の申立て        家庭裁判所
                   │                    │
                   ▼                    ▼
                家庭裁判所         不在者財産管理人の選任
                   │                    │
                   ▼                    ▼
                失踪宣告           権限外行為許可の申立て
                   │                    │
                   │                    ▼
                   │                 家庭裁判所
                   │                    │
                   │                    ▼
                   │                権限外行為許可
                   │                    │
                   └──────┬─────────────┘
                          ▼
                    遺産分割協議の開始
```

156

第2章　親が死ぬ前に知っておかなければならない「相続」の話

【図13】　成年後見制度の仕組み

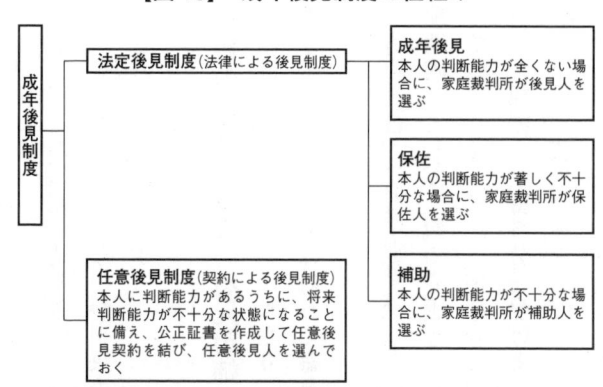

```
                ┌─ 法定後見制度（法律による後見制度） ──┬─ 成年後見
                │                                          │  本人の判断能力が全くない場
                │                                          │  合に、家庭裁判所が後見人を
                │                                          │  選ぶ
成年後見        │                                          │
制度 ───────────┤                                          ├─ 保佐
                │                                          │  本人の判断能力が著しく不十
                │                                          │  分な場合に、家庭裁判所が保
                │                                          │  佐人を選ぶ
                │                                          │
                │                                          └─ 補助
                │                                             本人の判断能力が不十分な場
                │                                             合に、家庭裁判所が補助人を
                │                                             選ぶ
                └─ 任意後見制度（契約による後見制度）
                   本人に判断能力があるうちに、将来
                   判断能力が不十分な状態になること
                   に備え、公正証書を作成して任意後
                   見契約を結び、任意後見人を選んで
                   おく
```

成年後見制度には、法定後見制度と任意後見制度の2種類があります。法定後見には、本人の判断能力の程度に応じて「成年後見」「保佐」「補助」の3つの類型があります

「補助人」が選任されるまでの間、親の遺産分けを進めることはできません（図13参照）。

❼ 兄弟姉妹の間で、親から受けた金銭に格差がある人

たとえば、親が長女の結婚のときは持参金を出したのに、次女には出さなかったり、長男は大学を出た後に海外留学まで親がかりだったのに、次男は高校卒業後就職したなど、親から受けた金銭に兄弟姉妹間で格差がある場合は要注意です。親の相続がきっかけで、親からあまり金銭的な援助をしてもらわなかった者が、今までの不満を爆発させることがあります。

民法は、親から生前に受けた持参金・支度金や生計の資本（独立資金や居宅の贈与等）などの贈与（特別受益）を考慮して相続分を決めることが

157

できるように定めています。このような相続人間の公平を計る制度を **「特別受益制度」** といいます。

しかし、実際に親の遺産分けを行なうときに、親から受けたなどの贈与が特別受益に該当して、その額がいくらなのかを決めることは容易でありません。そのため、特別受益をめぐる争いもよく起きます。

❽ 親の介護をしている兄弟姉妹がいる人

民法は、親の事業を手伝ったり、介護をしたりして「親の財産の維持または増加に特別の寄与をした」相続人に対して **寄与分** を認めて法定相続分より多く相続できるようにしています。

一方民法は、「直系血族は、互いに扶養をする義務がある」と定めて「介護は扶養義務の範囲内」として、親の介護をした子どもが、他の相続人より当然に多目に相続できるとはしていません。また、寄与分は相続人全員が合意しなければ認められないため、**親の介護をした相続人が寄与分を受けることはとてもハードルが高いのが現実です。**

そのため、親の介護をしていた兄弟姉妹は、親の遺産を目当で介護をしたわけでなくても、親の介護を正当に評価されずに遺産分けが行なわれると、今まで親の介護のために犠牲にしてきたことを思い出すなどして、不満が吹き出て遺産分けの話し合いが紛糾すること

158

第2章　親が死ぬ前に知っておかなければならない「相続」の話

とがあります。

❾ 親の所有する家に住んでいる人

親が所有している土地・建物は、親が死亡した瞬間に相続人全員の共有になります（P120参照）。法は、親の所有する不動産に住んでいた相続人が、優先してその不動産を取得できるような制度を設けていません。

そのため、親の所有に住んでいた子どもは、遺産分けの話し合いで、土地・建物を相続できないと、親の死後に引き続き住めなくなることがあります。

❿ 自分や兄弟姉妹の妻や夫が出しゃばりな人

相続は大金を手に入れるチャンスでもあります。そのため、配偶者の親の相続に関心を寄せる夫や妻は大勢います。

本来無関係である相続人の夫や妻（いわゆる「外野」）が、いったん遺産分けの話に口出しすると、兄弟姉妹間で「なんでお前の嫁がウチの親の相続に意見を言うんだ、それならこちらも言わせてもらうぞ…」などと言い争いになって、収拾がつかなくなります。

さて、以上は実際に相続トラブルに巻き込まれた子どもたちの事例です。いずれも、親

が遺言書を残していれば、子どもは相続トラブルに巻き込まれずに済んだか、仮に相続トラブルが発生しても、大事に至らならなかったはずです。では、なぜ親の遺言書があると親の相続を"争族"にしないで済むのでしょうか。この答えは第3章「親が死ぬ前に知っておかなければならない「遺言」の話」をご覧ください。

> **Column**
>
> ## 親が厳しいと "争族" になりやすい⁉
>
> 親は扇の要(かなめ)の役割を果たしています。親が厳しければ厳しいほど、その要は家族を強く束ねています。親が亡くなるということは、その要が外れてしまうことを意味します。
> その要が強ければ強いほど、反動は大きくなります。一見円満な家族でも、実は親が厳しくて、不満があるけど言い出せなかったという子どもがいたかもしれません。そのような子どもは、親の死をきっかけに今までの不満を相続の場で吐き出すことがあります。「まさかあの家族が"争族"になるとは…」という芸能ニュースがたびたび見受けられるのも、亡くなった親が家族をしっかりと束ねていた反動が原因かもしれません。

第3章 親が死ぬ前に知っておかなければならない「遺言」の話

> 円満な相続には、親の遺言書が欠かせません。遺言の意義、遺言の作成・保管の方法から執行まで解説します。

遺言とは

遺言は人の最終意思表示について、遺言書を残した人（遺言者）の死後に効力を生じさせる制度です。

遺言の特徴は、**①死後に効力が発生すること②相手方のない単独行為であること**のふたつです。

遺言は「死後に効力が発生する」ので、親が自分の所有する甲土地を長男に残そうと考えて「甲土地を長男に相続させる」と書いても、親が死亡するまでは甲土地は親のものです。したがって、事情が変わって甲土地を親が売却しても法的に何ら問題はありません。

また、遺言は「相手方のない単独行為」なので、甲土地を長男に残したいと思った親は、長男に「私が死んだらお前に甲土地を残したいのだけど、受け取ってくれるか」と承諾を得る必要はありません。一方的に「甲土地を長男に相続させる」と書くことができます。

遺言書に記した内容が効力を生ずるときには遺言者は既に死亡しています。そのため、遺言書の内容が、遺言者の真意なのかをめぐって相続人の間で争いが生じる危険があります

第3章 親が死ぬ前に知っておかなければならない「遺言」の話

す。そこで法は、人が死後に残す言葉、すなわち遺言に厳格な「方式」を定め、「遺言をなしうる事項」について方式に従った遺言がなされた場合に限り、その内容の実現を保障することにしました。これが遺言制度です。

遺言をなしうる主な事項は次のとおりです。

① 相続分の指定…各相続人の受け取る割合を決めておくこと
② 遺産分割方法の指定…だれに何を相続させるかを決めておくこと
③ 遺贈…遺言で遺産をだれかに贈与すること（相続人以外の者でも可）
④ 祭祀主宰者の指定…お墓の管理など祖先の祭祀を主宰する者を決めておくこと
⑤ 認知…婚姻外の女性との間に生れた自分の子と法的に父子関係を成立させること
⑥ 推定相続人の廃除…自分を虐待したり著しい非行がある相続人の相続権を失わせること
⑦ 遺言執行者の指定…自分の死後に、遺言の内容を実現するための手続きをしてくれる人を指定すること
⑧ 生命保険金の受取人の指定・変更
⑨ 信託の設定…遺産の運用・管理を第3者に信託すること
⑩ 財団法人の設立…自分の遺産をもとに、公益法人を設立すること

163

遺言でよく書かれる事項は、「①相続分の指定」「②遺産分割方法の指定」「③遺贈」「④祭祀主宰者の指定」「⑦遺言執行者の指定」です。

遺言は、自分の死後に、自分の意思を実現させるため、並びに相続人の相続手続きを簡略にし、相続人の負担を減らすための手段として多く利用されています。

この章では、まず親の遺言書があるとなぜ子どもにとってよいのかをご説明します。そして、遺言書の残し方、残した後の管理の仕方、遺言の執行方法に至るまで解説します。この章をお読みいただければ、親の相続であわてることなく対応ができるようになります。では、本論に入りましょう。

第3章　親が死ぬ前に知っておかなければならない「遺言」の話

1. 親の遺言書があるとなぜいいのか

「遺言書を残したほうがよい」とよく言われますが、なぜ残したほうがよいのでしょうか。その理由は5つ挙げられます。ひとつずつ見てみましょう。

(1) 遺産分けの話し合いをしないですむ

親が遺言書を残さないで亡くなると、親の遺産を引き継ぐために、相続人全員が遺産分けの話し合い（**遺産分割協議**）に参加しなければなりません（**相続人全員参加の鉄則**）。

しかも、相続人全員が遺産の分け方に合意しなければなりません（**相続人全員合意の鉄則**）。

親の遺産をめぐって争う"争族"の多くは、遺産分割協議における「相続人全員参加の鉄則」「相続人全員合意の鉄則」を守ることができないために引き起こされるのです。このことは、P149でご紹介した「親の相続で、"争族"に巻き込まれる子ども、ベスト10」をご覧いただければお分かりいただけるはずです（**図13参照**）。

一方、親が遺言書を残してくれると、親の死亡後、子供らの相続人は遺言書の内容に基

165

【図13】 ケース別「相続人全員参加の鉄則」「相続人全員合意の鉄則」の難易度

判定基準　×：難易度高、△：難易度中、○：難易度低

	親の相続で"争族"に巻き込まれる子ども	相続人全員全員参加の鉄則	相続人全員合意の鉄則
①	異母・異父兄弟姉妹がいる人	×	×
②	親が再婚をした人	△	×
③	親が再婚をして、再婚相手の連れ子を養子にした人	△	×
④	親より先に死亡した兄弟姉妹がいる人	△	△
⑤	行方不明の兄弟姉妹がいる人	×	×
⑥	親が認知症の人	×	×
⑦	兄弟姉妹の間で、親から受けた金銭に格差がある人	○	×
⑧	親の介護をしている兄弟姉妹がいる人	○	△
⑨	親の所有する家に住んでいる人	○	△
⑩	自分や兄弟姉妹の妻や夫が出しゃばりな人	○	×

※著者の実務経験を基に、判定をした。

第3章　親が死ぬ前に知っておかなければならない「遺言」の話

づいて手続きをすれば親の遺産を引き継ぐことができます。そのため遺産分割協議をしないですむため、"争族"を回避することができます。

(2) 親の財産を早く・簡単に引き継ぐことができる

親が遺言書を残さないで亡くなると、親の預金口座の解約・名義変更を行なうには、遺産分割協議書、印鑑登録証明書等の提出が必要になります。

一方、親が遺言書を残して死亡すると、各金融機関の所定の用紙に、遺言執行者の署名・実印の押印及び印鑑登録証明書等の添付があれば相続手続きができます。

(3)「外野」の口を封じることができる

親が遺言書を残さないで亡くなると、相続人の妻など、本来親の遺産分けに関係のない「外野」が口出しをしてきて親の相続を荒すことがあります。

一方、親が遺言書を残して死亡すると、遺言書の内容に基づいて遺言を執行すればよいので、「外野」は遺言書の内容に不満があっても口をはさむ余地がまったくありません。

(4) "争族" を最小限に押さえ込むことができる

親が遺言書を残さないで亡くなると、相続人はすべての財産を対象に、遺産分割協議を行わなければなりません。親の生前からいざこざが絶えない家族の場合、遺産分割協議は熾烈なものとなります。そのため、相続人はいつ相続が終わるか目処が立たず、強いストレスを抱えることになります。

一方、親が遺言書を残して死亡すると、相続人は親が残した遺言書に従うしかありません。たとえ親が残した遺言書が、相続人の遺留分 **(P133参照)** を侵害していても、争点は遺留分に絞らるので "争族" が短期戦ですみます。

(5) 円満な兄弟姉妹の関係を親が亡くなった後も継続できる

ひらたく言えば、相続は、親のお金の分け方を決めることです。世の中お金に関する話し合いほど難しいものはありあません。たとえ仲の良い兄弟姉妹の間でもそのことは例外ではありません。遺産分けの話し合いのささいな一言で、兄弟姉妹の関係がギクシャクしてしまうこともめずらしくありません。

親が遺言を残してくれれば、遺産分けの話し合いをすることなく、親の遺言書のとおり遺産を分け合えばよいので、円満な兄弟姉妹の関係は、親が亡くなった後も変わることはありません。

第3章　親が死ぬ前に知っておかなければならない「遺言」の話

Column

増える「家族会議型遺言」

ここ数年、子どもとあらかじめ話し合いをして、遺言書を残す親が増えています。このように、親子が話し合って残す遺言のことを、筆者は「家族会議型遺言」と名付けています。この「家族会議型遺言」には、家族の絆が相続をきっかけで断ち切れて欲しくないという親子の願いが感じられます。「家族会議型遺言」の普及は東日本大震災の影響があると思われます。

この「家族会議型遺言」を行う場合、ひとつ注意してほしいことがあります。それは、子どもが親に対して遺言を残すことを強要するようなことは絶対にしてはいけないということです。

民法は、このようなことを親にした子どもに対して、親の相続権を失うと定めています。このことを「相続欠格」といいます。具体的には、次の5つの行為を親に対して行なった子どもが親の相続権を失うと定めています。

① 故意に親を殺害、または殺害しようとしたために刑に処せられた子ども
② 親が殺害されたことを知って、これを告発・告訴しなかった子ども
③ 詐欺または強迫によって、親が相続に関する遺言をし、撤回し、取り消し、または変更することを妨げた子ども
④ 詐欺または強迫によって、親に相続に関する遺言をさせ、撤回させ、取消させ、または変

169

⑤ 相続に関する親の遺言書を偽造し、変造し、破棄し、または隠匿した子どもは、子どもはこのことを肝に銘じてください。

遺言を残す・残さないはあくまでも親の自由です。親子で話し合って親が遺言書を残す場合更させた子ども

2. 遺言の種類と特徴

遺言は、遺言者の意思を確保し、同時に後の変造、偽造を防止するために、厳格な要式行為となっています。

遺言の方式には、普通方式と特別方式があります。普通方式が本来の遺言の方式で、「**自筆証書遺言**」「**公正証書遺言**」「**秘密証書遺言**」の3種類があり、それぞれ厳格な要式性が要求されています。これに対して、死が差し迫り、普通方式に従った遺言をする余裕のない場合に用いられるのが特別方式です。通常、遺言を残す場合は、自筆証書遺言か公正証書遺言のいずれかを選択します。

【遺言書の種類】

普通方式	自筆証書遺言	特別方式	危急時遺言
	公正証書遺言		
	秘密証書遺言		隔絶地遺言

【遺言書の特徴】

	自筆証書遺言	公正証書遺言	秘密証書遺言
特徴	自分で書いて作成する。費用がかからず手軽にできる。しかし、紛失、偽造・変造や隠匿・破棄の危険がある。遺言者の死亡後に、家庭裁判所に「検認」の申立てをしなければ遺言の執行をすることができない。	公証人と証人2名の立会いのもとに公証役場で作成される。なお、自宅や入院先での作成も可能であるが、出張費が加算される。作成に手間がかかり手数料が発生するが、遺言の内容がほぼ確実に実現される。	公証人と証人2名の立会いのもとに公証役場で作成される。遺言の存在を明確にして、その内容の秘密が保てる。また、公証されているから偽造・変造のおそれがない。さらに、署名・押印さえできれば、字をかけない者でもできる。しかし、公証役場では遺言書の保管を行なわないので、紛失・未発見のおそれがある。遺言の執行には検認の申立てが必要である。
作成方法	遺言者が、自分で全文、日付、氏名を自書して押印する	証人2名の立会いのもと、公証人が読み上げる遺言書の内容を、遺言者が確認をして、内容に間違いが無ければ遺言者、公証人、証人がそれぞれ署名・押印する	①遺言者が、その証書に署名し、印を押す ②遺言者が、その証書を封じ、証書に用いた印章で封印をする

第3章　親が死ぬ前に知っておかなければならない「遺言」の話

			③遺言者が、公証人1人及び証人2名の前に封書を提出して、自己の遺言書である旨並びにその筆者の氏名及び住所を申述する ④公証人が、その証書を提出した日付及び遺言書の申述を封紙に記載した後、遺言者及び証人とともにこれに署名し、印を押す
作成の費用	かからない	財産の額や内容に応じて公証役場に手数料を支払う。なお、手数料は公正証書遺言を作成する前に、公証役場から提示される。 (手数料の例) ・1千万円〜3千万円の財産を1人に残す場合、約3万4千円 ・3千万円〜5千万円の財産を1人に残す場合、約4万円	財産の額や内容に関係なく1万1千円
証人	不用	2人以上必要（通常は2名）	2人以上必要（通常は2名）

保管方法	遺言者本人で保管するか、遺言者が死亡したことをすぐに知ることができる立場の者で、信頼の置ける者に保管を委ねる (例) ・遺言によって財産を多く取得する者 ・遺言書で遺言執行者に指定した者	「原本」(遺言者、公証人、証人が署名・押印したもの)は公証役場に保管される。「正本」「謄本」が遺言者に交付される。 遺言の執行は、正本・謄本のいずれでも可能であるが、金融機関から正本を求められることが多い。 謄本を遺言者が保管し、正本を遺言者が死亡したことをすぐに知ることができる立場の者で、信頼の置ける者に保管を委ねる (例) ・遺言によって財産を多く取得する者 ・遺言書で遺言執行者に指定した者	作成には公証人が関与するが、遺言書の保管は遺言者に任される。公証役場には、遺言したことが記録されるだけで、遺言の内容は記録されない。 したがって、自筆証書遺言同様、遺言者本人で保管するか、遺言者が死亡したことをすぐに知ることができる立場の者で、信頼の置ける者に保管を委ねる (例) ・遺言によって財産を多く取得する者 ・遺言書で遺言執行者に指定した者
家庭裁判所への検認	必要	不用	必要

第3章　親が死ぬ前に知っておかなければならない「遺言」の話

ここがポイント！　「検認」とは

公正証書遺言を除く遺言書の保管者またはこれを発見した相続人は、遺言者の死亡を知った後、遅滞なく遺言書を家庭裁判所に提出して、その「検認」を請求しなければなりません。また、封印のある遺言書は、家庭裁判所で相続人等の立会いの上開封しなければならないことになっています。

検認とは、相続人に対し遺言の存在及びその内容を知らせるとともに、遺言書の形状、加除訂正の状態、日付、署名など検認の日現在における遺言書の内容を明確にして遺言書の偽造・変造を防止するための手続です。

検認が終了すると申立てをした相続人等は家庭裁判所に「**検認済証明書**」の発行を申請します。この証明書がないと金融機関や法務局は遺言執行手続きに応じません。なお、**検認は遺言の有効・無効を判断するものではありません。**

自筆証書遺言の長所は、手軽に作成できることです。しかし、遺言者が自分ひとりで作成できるので、本人の意思で作成したことを立証するのが困難です。そのため自筆証書遺言に対する信頼性はどうしても低くなってしまいます。

自筆証書遺言は遺言者が死亡した相続開始後に家庭裁判所に検認の申立てをしなければ

175

ならず、遺言執行に時間がかかってしまいます（通常、検認の準備に1か月、家庭裁判所に検認の申立てをしてから終了まで1か月、合計2か月程度を要します）。また、遺言書の保管は自己責任に委ねられるので紛失や偽造・変造・破棄の危険性があります。

一方、公正証書遺言は公証人と証人2名の面前で作成されるので信頼性が高くなります。そのため、検認をしないで相続開始後ただちに遺言を執行することができます。しかし、必要書類の収拾や公証人との打合せ、それに公証役場に手数料を支払うなど作成に手間と費用がかかるため遺言者の負担が重くなります。また、遺言の内容を公証人と証人に知られてしまうので、抵抗感がある者も少なくありません。

そこで、**自筆証書遺言の手軽に作成できるメリットを活かして、まずは自筆証書遺言を作成して、タイミングをみて公正証書遺言に切り替えるという方法もあります。**

なお、秘密証書遺言は、自書が要件とされていないため、本文をパソコンで作成して、遺言者がその文書に署名・押印をして作成することができます。そのため、たとえば判断能力の低下している高齢者に、周囲の者が自己に有利な内容の遺言を作成して押し付けるおそれがあるので、廃止論もあります。現実にはあまり利用されていないようです。

第3章 親が死ぬ前に知っておかなければならない「遺言」の話

3. 自筆証書遺言の作り方

自筆証書遺言は、手軽に作成できる反面、法で決められた方式に反した書き方をしてしまうなど、無効となる危険があります。残した遺言書が無効になると、相続トラブルが発生してしまいます。

親が残した遺言書を見る機会があれば、法的に問題がないかチェックをしてあげることをお勧めします。

(1) 作り方のルール

① [全文]を自書すること

遺言者が、遺言の全文を、自分で書かなければなりません。手が不自由な方は、口、腕、足で書いてもかまいません。したがって、次の〝遺言書〟は法的に無効になります。

× パソコンで作成した遺言（一部でも不可）
× 他人が代筆した遺言（一部でも不可）

177

- × 録音された遺言
- × 録画された遺言

法は、自筆証書遺言を残すための筆記具や用紙の指定をしていません。したがって、鉛筆でチラシの裏に書いても法的に問題ありません。しかし、通常は万年筆やボールペンで便箋などに書きます。なお、「消せるペン」は字がかすれたり、消えてしまう危険性があるので遺言を書くには適しません。

では、親が病気で手が震えてうまく文字が書けない場合はどうしたらよいでしょうか。判例は遺言者の手の震えを抑えるために、他人が遺言者の手を添えて書いた遺言書を無効としたものと有効としたものがあります。

親が手の震えで思うように字が書けない状態で遺言を書くと、「本当に本人が書いたのか」でもめてしまいます。その場合は、次に説明する公正証書遺言で残すことをお勧めします。

② 「日付」を自書すること

日付は、遺言成立の日を確定するためにとても重要です。日付以外の法的要件をすべて満たしている遺言書でも、日付が記載されていなかったり、年月日が特定できなかったりすると法的に無効になります。

第3章　親が死ぬ前に知っておかなければならない「遺言」の話

判例では「私の還暦の日」「銀婚式の日」という記載でも有効としていますが、「平成25年11月22日」というように、ハッキリと「年・月・日」を書いてください。

たとえば、次のような記載は法的に無効です。

× 「平成25年11月」と、年月だけで記載されていて、日の記載がない遺言
× 「平成25年11月吉日」と、吉日が複数日あるため作成日が特定できない遺言
× 日付を他人が書いた遺言

なお、複数の遺言書が出てきた場合は、一番新しい日付の遺言書が有効になります。

このように、日付は遺言にとってとても重要です。**「年・月・日」を明確に書きましょう**。

③ 「氏名」を自書する

法は、氏名の自書を、遺言者の特定と、遺言が遺言者の意思で作成されたことを明確にするために要求しています。遺言者が特定できればよいので、遺言者が日常用いているペンネーム・雅号・芸名・通称名などでも差支えません。しかし、遺言書が法的に有効でも、遺言執行が難航します。そのため**戸籍上の氏名を正確に書くようにしましょう**。なお、次のような遺言は無効となります。

179

× 氏名が明記されていない遺言
× 氏名を他人が書いた遺言

④ 「印」を押す

法は、押印を、氏名の自書と同様に、遺言者の特定と、遺言が遺言者の意思によるものであることを明確にするために要求しています。

民法は、押す印を特定していません。したがって、実印はもちろんのこと、認印でもかまいません。しかし、自筆証書遺言を遺言者本人が書き残したことの信ぴょう性を高めるために実印で押印するようにしましょう。

☛ ここがポイント！　両親がいっしょに遺言書を残すときに注意すること

2人以上の者が同一の証書で遺言をすることを「共同遺言」といいます。共同遺言は法で禁止されています。したがって、夫婦連名でした遺言は無効となります。最近は、いっしょに遺言書を残して、お互いに交換する仲のよいご夫婦も増えているようです。だからとって同じ用紙に書いてはいけません。もし、両親が遺言書を残すようでしたら「仲がよいのは結構だけど、

第3章　親が死ぬ前に知っておかなければならない「遺言」の話

(2) 書き間違えたときの訂正方法

遺言書の訂正方法は、民法で次のように厳格に決められています。

① 遺言者が変更した場所を指示し、これを変更した旨を付記して署名し、
② その変更の場所にも印を押す
③

そのため、通常行なわれている次のような訂正方法をすると遺言は無効になります。

> × 誤った箇所に二重線を引いて訂正印を押して、横に正しい内容を書き加える訂正方法
> × 修正ペンで誤った箇所を消して、正しい内容を上書きする訂正方法

民法で定められている訂正方法はとても複雑です。もし、**遺言書を書き損じた場合は、破棄をして新たに書き直すようにしてください。**

遺言書は別々に書いてね」とアドバイスをしてあげてください。

181

(3) これが自筆証書遺言だ！

自筆証書遺言の例を掲示します。参考にして下さい。
自筆証書遺言を法律のとおり正確に残すことは意外と難かしいものです。書き上げたら、行政書士等の専門家に確認を依頼することをお勧めします。

第3章 親が死ぬ前に知っておかなければならない「遺言」の話

相続関係図（氏名はすべて仮名）

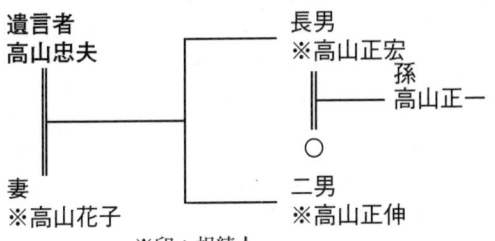

```
遺言者                    長男
高山忠夫 ──┬──────── ※高山正宏
           │                 ║        孫
           │                 ╠── 高山正一
           │                 ○
妻         │             二男
※高山花子 ─┴──────── ※高山正伸
```

※印：相続人

(注) 全文、日付、氏名は自書しているものとする

遺言書

遺言者　高山忠夫は、次のとおり遺言する。

第1条　遺言者は、遺言者所有の次の不動産を、遺言者の妻高山花子に相続させる。★**相続人には「相続させる」と書く**

　(1)　土地
　　　　所在
　　　　地目
　　　　地積　　　　　　　　　平方メートル
　(2)　建物
　　　　所在
　　　　家屋番号
　　　　種類
　　　　構造
　　　　床面積　1階　　　　　　平方メートル
　　　　　　　　2階　　　　　　平方メートル

第2条　遺言者は、税経銀行新宿支店に預託してある預金債権のすべてを、遺言者の長男高山正宏に相続させる。

第3条　遺言者は、遺言者の二男高山正伸に遺言者所有のすべての株式を相続させる。

第4条　遺言者は、第1条、第2条及び第3条を除く遺言者所有のその他すべての財産を、遺言者の長男高山正宏に相続

　　　　させる。①その他の財産の承継人
第5条　遺言者は、金弐百万円を遺言者の孫高山正一に遺贈する。
　　　　★相続人以外には「遺贈する」と書く
第6条　遺言者は、祖先の祭祀を主宰すべき者として、遺言者の
　　　　長男高山正宏を指定する。②祭祀主宰者の指定
第7条　遺言者は、遺言者の妻高山花子が遺言者より先に死亡し
　　　　た場合は、第1条の不動産を長男高山正宏に相続させる。
　　　　③予備的遺言
第8条　遺言者は、本遺言の遺言執行者として、遺言者の長男高
　　　　山正宏を指定する。④遺言執行者の指定

　家族には感謝している。この遺言書が私の死後、すみやかに執
行されることを願う。⑤付言を添える

　　　　平成25年11月22日
　　　　　　遺言者　高山忠夫　㊞　⑥実印で押印する

※①～⑥はP186「ここがポイント！」を参照
・契印
　　遺言書の用紙が2枚以上になった場合は、ホチキスで留めて、
　つなぎ目に印を押す。
　　印は、署名の横に押す印と同じものを使用すること。

```
　　　　　　遺言書
遺言者　高山忠夫は、次のとお
り遺言する。
　第1条　……………………
　　　　　　　　　　　㊞


　　　　　　　平成25年11月22日
　　　　　　　　遺言者　高山忠夫　㊞
```

184

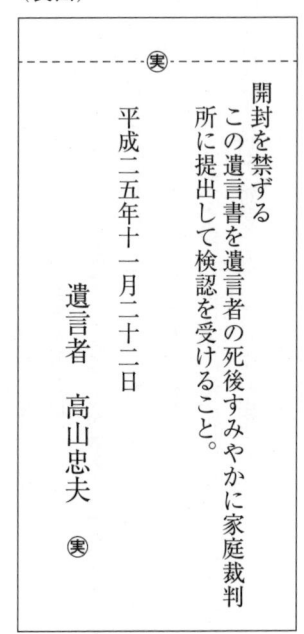

第3章　親が死ぬ前に知っておかなければならない「遺言」の話

・封書

（表面）

遺言書　在中

（裏面）

開封を禁ずる
この遺言書を遺言者の死後すみやかに家庭裁判所に提出して検認を受けること。

平成二五年十一月二二日

遺言者　高山忠夫　㊞

【注意事項】
・封書も遺言者が自書すること
・印は遺言書に押印したのと同じ印を使用すること
・日付は遺言書に書いた同じ日付を書くこと

ここがポイント！　親が残した遺言書でモメないための6つのポイント

① 「その他の財産」をだれが引き継ぐのかを書く

遺言書に具体的に書いた以外の財産を、だれに承継させるか記載します。この記載がない場合、遺言書に記載されなかった財産は遺産分割の対象となるため、相続人全員で話し合いをして分けなければなりません。

② 祭祀主宰者（お墓等を引き継ぐ人）を書く

祖先祭祀のための財産（家系図、位牌などの祭具、墓など）の承継者を遺言で指定することができます。被相続人の指定がない場合は慣習、慣習が明らかでない場合は、家庭裁判所の審判で決まります。お墓の承継をめぐって争うと根深いものになります。親が墓を所有している場合は、遺言で承継人を指定するようにお願いしましょう。

③ "万が一" の事態が起きたらどうするか書く（予備的遺言）

遺言で財産を残すとした子どもが、遺言者の親より先に死亡してしまう「逆縁」（P152参照）のような "万が一" が起きた場合を想定して書きます。

なお、例では、妻が遺言者より先に死亡した場合、第7条の予備的遺言がないと、第1条の不動産は遺産分割の対象となってしまいます。

第3章　親が死ぬ前に知っておかなければならない「遺言」の話

④ **遺言を執行する人を書く（遺言執行者）**

遺言執行者は、相続財産の管理その他遺言の執行に必要な一切の行為をする権利義務があります。遺言執行者が指定されていれば、遺言の執行が遺言執行者のみで行なうことができます。遺言書に遺言執行者の指定がないと、金融機関から所定の用紙に相続人全員の署名、実印の押印及び印鑑登録証明書等の提出を求められることがあります。そうなると、遺言の執行が滞ってしまいます。

遺言執行者は、未成年者と破産者以外の者ならだれでもなることができます。したがって、親の相続人の子どもも遺言執行者になることができます。

⑤ **一言付け加える（付言）**

付言には法的効力はありませんが、遺言者の気持ちを書くことで遺言執行をしやすくする効果が期待できます。ただし、付言を書く場合は、ワンフレーズで感謝の言葉を添える程度にとどめて、相続人を非難するような内容は書かないこと。特定の相続人を非難するようなことを書くと、悪く書かれた相続人が「この遺言書は無理やり書かされたものだ」などと主張して遺言書の真贋をめぐる争いに発展するおそれがあります。

⑥ **実印で押印する**

法は押印する印の指定をしていないので、認印で押印してもかまいません。しかし、遺言者本人が作成したことをより確実に証明するために実印で押印をすること。さらに、遺言書を入れる封書に印鑑登録証明書を同封すれば、より一層本人作成の信ぴょう性を高めることができます。

187

Column ペットに財産を残せるか（負担付遺言について）

財産を残す対象は、人あるいは会社などの法人に限られます。家族同様のペットであっても、動物は法律上「物」として扱われるため、ペットは権利の主体になれません。そのため、ペットに財産を与えたり相続させることはできません。

そこで、ペットの世話をしてくれる人に、「ペットの世話をしてくれることを条件として財産を残す」という内容の遺言書を作成する方法があります。このように、財産を受け取る人に一定の義務を課す遺言を負担付遺言といいます。

ただし、遺言書にペットの世話をするように書かれた相手は、その申し出を断ることができます。そのため、遺言を残す前に、頼もうとしている人に了解を得るようにしましょう。

親がペットの行く末を案じているようなら、遺言でペットの世話を託すことができることを教えてあげましょう。

なお、負担付遺言は「妻の介護をすることを条件に、長男に金壱千万円を相続させる」のように、あなたの父親が残される母親のことを案じている場合にも活用できます。

もし、親が遺言を残すことにためらいを感じているようなら、負担付遺言をじょうずに活用すれば、親は遺言を残しやすくなるでしょう。

4. 公正証書遺言の作り方

(1) 残し方のルール

公正証書遺言は、遺言者が公証役場に行くか、公証人に自宅や入院先の病院などに出張を求めて、公証人に作成してもらう遺言です。法は、公正証書遺言の作成手順を次のように定めています。

① 証人2人以上の立会いの下に、
② 遺言者が遺言の趣旨を公証人に口頭で説明をする
③ 公証人が遺言者の話した内容を筆記して、これを遺言者と証人に読み聞かせるか見せる
④ 遺言者と証人が、公証人が筆記した内容が正確なことを承認した後に、各自これに署名し、印を押す
⑤ 公証人が、その証書は民法所定の以上①から④の方式にしたがって作成したものであることを付記して、これに署名し印を押す

なお、遺言者が病気等の理由で、署名できない場合は、公証人がその旨を付記して、署名に代えることができます。また、口がきけない人や耳の聞こえない人でも、公正証書遺言を残すことができます。

親が身体に障害がある場合は、公証人にその旨を伝えましょう。親の身体的な負担をできるだけ軽くするように考慮してくれるでしょう。

(2) 作成の手順

前述の、「(1)残し方のルール」を読むと、親が証人2名といっしょに公証役場に行けば、すぐに公正証書遺言ができそうに思えますが、実際はそう簡単にはいきません。自筆証書遺言と違って、必要書類を集めたり、公証人と数回の打合せなどを経て、やっと公正証書遺言はできあがります。通常、公正証書遺言ができあがるまでには、具体的に行動を開始してから1か月から2か月ほどかかります。

以下に公正証書遺言の作成の手順をご紹介します。詳しくは、公証役場から説明があるので、ここでは作成までのイメージをつかむようにしてください。イメージをつかんで公証人と打合せをすれば、スムーズに公正証書遺言を残すことができます。

① 公証人との打合せの準備をする

190

第3章　親が死ぬ前に知っておかなければならない「遺言」の話

- 遺言書の内容を決める
- 2名に証人を依頼する
- 必要書類を集める
  ～遺言者の印鑑登録証明書・戸籍謄本、不動産の登記簿謄本等が必要となる

←

② **公証人と打合せをする**
- 予約を入れてから公証役場に行くこと。通常2～5回程度（1回に付き30分程度）の打合せが必要となる。
- 遺言者本人に代わって代理人（法律専門家、遺言者の子ども等）が公証人と打合せを行なうこともできる。

←

③ **公証役場から遺言書の案文が提示される**
- 希望をすれば、メール・FAXや郵便でも対応してくれる

・手数料（費用）が提示される

←

④ 遺言書の案文を確認する
・修正が必要な場合は公証人に伝える
・疑問点は、理解・納得できるまで公証人に質問をすること

←

⑤ 遺言書の内容の決定
・内容が決まったら遺言者、公証人、証人2名のスケジュールを調整して作成日が決まる

←

⑥ 公証役場で公正証書遺言を作成する

第3章　親が死ぬ前に知っておかなければならない「遺言」の話

・通常30分程度で終わる
・作成当日に、費用を現金で支払う

ここがポイント！　証人をだれに頼んだらよいのか

公正証書遺言を作成するには、証人が2名以上必要です（通常は2名）。証人の役割は、次のとおりです。

① 遺言者が本人であることを確認する
② 遺言者が自分の意思に基づいて遺言を残したことを確認する
③ 公証人が作成した遺言書の文書が正確なことを確認する
④ 以上①から③を確認した証として、遺言書の原本に署名・印をする

証人になるには資格は必要ありません。ただし、次の人は証人になることができません。

・未成年者
・相続人及び受遺者（遺言によって財産を引き継ぐ者）並びにこれらの配偶者及び直系血族
・公証人の配偶者や親族、公証役場の書記等

証人は遺言者が適法に公正証書遺言を作成したことを見届けるという大切な役目が課せられています。したがって、証人には、遺言者が遺言書の作成を相談した法律専門職や遺言の内容

193

を知られても支障がない遺言者の知人などがよいでしょう。もし、証人を頼める方が見当たらない場合は、公証人に相談をしてください。適任者を手当てしてくれます（ただし有料、1人当たり1万円程度）。

Column

公正証書遺言が無効になることがある

遺言者は遺言をする時において、「遺言能力」を有していなければなりません。遺言能力とは、遺言の内容を理解し、遺言を残したことでどのような結果になるか判断できる能力のことをいいます。

裁判で遺言能力が争われる事案の多くは、判断能力が低下した高齢者の遺言です。また、このような遺言には、遺言者の最終意思の尊重というよりも、周囲の一部の者が高齢者の財産を得ようとする思惑から遺言者を遺言に導いている事例が多く見受けられます。

高齢者の遺言能力が否定された事例（すべて公正証書遺言の事例）

・遺言者が脳梗塞の症状が悪化して入院する直前に遺言を作成し、入院後の問診で「痴呆」と判断された事例

第3章 親が死ぬ前に知っておかなければならない「遺言」の話

- 遺言者がパーキンソン病により認知症が進行し、言語機能が喪失した状況で遺言を作成した事例
- 重度の認知症状態にある遺言者（88歳）が遺言を作成した事例
- 中度ないし高度の認知症にあった遺言者（76歳）が、ほとんど深い付き合いのない者に全財産を残すという包括遺贈する動機に乏しいのに、話が出てわずか5日間の間に改印届までして遺言を作成した事例

このように、遺言能力が低下してしまうと、たとえ遺言書を残しても相続トラブルを引き起こすことがあります。「遺言書は元気なうちに残すこと」とよく言われますが、このことは「遺言書は遺言能力が確かなうちに残すこと」という意味なのです。

(3) これが公正証書遺言だ！

公正証書遺言の例を掲示します。参考にして下さい。

平成25年第●号

遺言公正証書

本公証人は、遺言者高山忠夫の嘱託により、証人竹内豊、証人馬場一徳の立会いのもとに、遺言者の口授した遺言の趣旨を次のとおり筆記して、この証書を作成する。

第1条 遺言者は、遺言者所有の下記不動産を、遺言者の妻高山花子に相続させる。

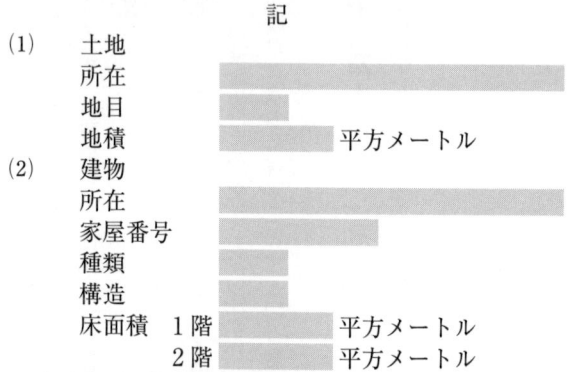

記

(1) 土地
 所在 　　　　　　　　　
 地目 　　　　
 地積 　　　　　　　　平方メートル
(2) 建物
 所在 　　　　　　　　　
 家屋番号 　　　　　　
 種類 　　　
 構造 　　　
 床面積　1階　　　　　平方メートル
 　　　　2階　　　　　平方メートル

第2条 遺言者は、税経銀行新宿支店に預託してある預金債権のすべてを、遺言者の長男高山正宏に相続させる。

第3条 遺言者は、遺言者の二男高山正伸に遺言者所有のすべての株式を相続させる。

第4条 遺言者は、第1条、第2条及び第3条を除く遺言者所有のその他すべての財産を、遺言者の長男高山正宏に相続させる。

第5条 遺言者は、金弐百万円を遺言者の孫高山正一に遺贈する。

第6条 遺言者は、祖先の祭祀を主宰すべき者として、遺言者の長男高山正宏を指定する。

第7条 遺言者は、遺言者の妻高山花子が遺言者より先に死亡した場合は、第1条の不動産を長男高山正宏に相続させる。

第8条 遺言者は、本遺言の遺言執行者として、遺言者の長男高山正宏を指定する。

第3章　親が死ぬ前に知っておかなければならない「遺言」の話

付言事項
　家族には感謝している。この遺言書が私の死後、すみやかに執行されることを願う。

　　　　　　　　　　　本旨外要件
東京都渋谷区●●１丁目●番●号
無職
遺言者　高山忠夫
昭和●年●月●●日生

上記は、印鑑登録証明書の提出により、人違いでないことを証明させた。

東京都■■市■■町■丁目■番■号
行政書士
証人　竹内豊
昭和■■年■月■■日生

東京都▲▲区▲▲町▲丁目▲番▲号
税理士　馬場一徳
昭和▲▲年▲月▲▲日生
　以上、遺言者及び証人に読み聞かせたところ、各自筆記の正確なことを承認して、次に署名押印する。

> 遺言者、証人2名が署名・印を押す。
> 遺言者は「実印」を押すが、証人は認印でよい。

高山忠夫　㊞
竹内　豊　㊞
馬場一徳　㊞

　この証書は、民法第969条第１号ないし第４条の方式に従って作成し、同条第５号に基づき、次に署名押印する。
　平成25年11月22日　本職役場において。
　東京都新宿区●●町●丁目●番●号
　　東京法務局所属
　　　公証人　税務　理　㊞

> 公証人が、署名し、職印を押す

（注）相続関係は、P182「(3)これが自筆証書遺言だ！」と同じです。

(4) 公正証書遺言の作成費用

公正証書遺言を作成するには、公証役場に作成手数料を支払います。料金は公正証書遺言を作成した当日に現金で支払います。

(計算例)

① 4000万円の財産を1人に残す遺言の場合
2万9000円(手数料)＋1万1000円(遺言加算)＝4万円

② 4000万円の財産を1000万円ずつ4人に残す遺言の場合
1万7000円(手数料)×4(人)＋1万1000円(遺言加算)＝7万9000円

このように、財産の金額が同じでも、内容によって金額は異なります

第3章 親が死ぬ前に知っておかなければならない「遺言」の話

【公証人の手数料一覧】

目的の価額	手数料
100万円以下	5000円
100万円を超え200万円以下	7000円
200万円を超え500万円以下	1万1000円
500万円を超え1000万円以下	1万7000円
1000万円を超え3000万円以下	2万3000円
3000万円を超え5000万円以下	2万9000円
5000万円を超え1億円以下	4万3000円
1億を超え3億円以下	4万3000円に5000万円までごとに1万3000円を加算
3億を超え10億円以下	9万5000円に5000万円までごとに1万1000円を加算
10億を超える場合	24万9000円に5000万円までごとに8000円を加算

(注1) 手数料は、各相続人・各受遺者ごとに計算をする（P198の「計算例」を参照）
(注2) 全体の財産が1億円未満のときは、遺言加算として1万1000円が加算される
(注3) 祭祀主宰者の指定は、手数料として1万1000円が加算される
(注4) 公証人が遺言者の自宅や入院先に出張する場合の手数料は、遺言加算を除いた目的価額による1.5倍が基本手数料になり、これに遺言加算手数料を加える。この他に旅費（実費）、日当（1日につき2万円、4時間まで1万円）が必要になる
(注5) 作成された遺言公正証書の原本は、公証人が保管するが、保管のための手数料はかからない

5. 親が遺言書を残した後に注意すること

遺言書の効力が発生するのは、遺言者が死亡したときからです。せっかく残した遺言書が、遺言者が死亡したときに見つからなくては意味がありません。しかも、見つけた人がきちんと遺言の内容が実現できるように手続きをしてくれなければなりません。このように、遺言書の保管方法は遺言の内容を実現するために重要です。

また、遺言者はいつでも遺言書を取消して新たに作成することができます。ただし、古い遺言書をそのままにしておくとトラブルの元です。

親が残した遺言書がトラブルを引き起こさないために、遺言書の保管方法と新たに作成する方法をきちんと押えておきましょう。

(1) 遺言書の保管方法
① 自筆証書遺言の場合
遺言者本人が遺言書を保管すると、遺言者が死亡して相続が開始したときに、遺言書が発見されずに遺産分割協議が行われしまうことがあります。それでは遺言書を残した意味

200

第3章　親が死ぬ前に知っておかなければならない「遺言」の話

がありません。また、遺産分割協議が終わってから遺言書が発見されると、苦労して行った遺産分割協議が無効になることもあります。
このようなことにならないために、遺言者が死亡したことをすぐに知る立場の者の中から、次の者に遺言書の保管を委ねるようにしましょう。

- **遺言によって財産を多く取得する者**
- **遺言書で遺言執行者に指定した者**

② 公正証書遺言の場合

公正証書遺言は「原本」「正本」「謄本」の3種類があります。それぞれの保管方法についてご説明します。

・［原本］

遺言者、公証人及び証人2名が署名・押印をした遺言書を原本といいます。原本は公証役場に保管されます。公正証書の保管期間は通常20年ですが、遺言の場合、遺言者が亡くなるまで保管されていないと意味がないので、20年経過後も保管されてます。

・［正本］

正本は遺言者が死亡して遺言執行をするときに、金融機関から提示を求められます。そのため、自筆証書遺言と同様に、遺言者が死亡したことをすぐに知る立場の者の中から、

次の者に保管を委ねるようにしましょう。
・遺言によって財産を多く取得する者
・遺言書で遺言執行者に指定した者

・「謄本」
正本を保管する者、または遺言者のいずれかが保管します。なお、遺言執行は謄本でも行なうことができます。

貸金庫に遺言書を保管する親がいますが、この方法はお勧めできません。親が死亡した場合、親の死亡を知った金融機関が貸金庫を閉鎖してしまうからです。この場合、銀行所定の用紙に、相続人全員の署名と実印、それに印鑑登録証明書及び被相続人の出生から死亡までの戸籍謄本等を添付しないと開けることができなくなってしまいます。当然、その間は遺言の執行はできません。
親が銀行に貸金庫を持っている方は貸金庫に遺言書を預けないように親に伝えておきましょう。

202

第3章 親が死ぬ前に知っておかなければならない「遺言」の話

ここがポイント！ 親の遺言書が見つからないときの探し方

亡くなった親が、遺言書を残したかどうかかわからない場合は、まず最寄りの公証役場に問い合せをします。

公証役場には「**遺言検索システム**」があります。このシステムには、平成元年以降に作成された公正証書遺言について次の事項を登録しています。

・作成した人の氏名
・生年月日
・作成年月日等

親が死亡したことを証明する除籍謄本、あなたが相続人であることを証明できる戸籍謄本と身分証明書（運転免許等）を公証役場に提出すれば、問い合せを受けた公証役場は、親の公正証書遺言の有無と、公正証書遺言が有る場合は、公正証書遺言の原本を保管している公証役場を回答します。なお、親が生存している間は、このシステムは利用できません。

一方、自筆証書遺言の有無は、心当たりを探すしか方法はありません。親が自筆証書遺言を作成した場合は、親の承諾を得て原本を預かるようにしましょう。

203

新たに作成する遺書の例

```
                    遺言書
遺言者  高山忠夫は、次のとおり遺言する。
第1条  遺言者は、本日以前に作成した遺言のすべてを撤回する。
第2条  （以下略）
```

(2) 遺言書を取り消して新たに残す場合の注意点

民法は「遺言はいつでも撤回できる」としています。そのため、一度残した遺言書を取り消して新たに作成することができます。その場合、古い遺言書を残しておくと、遺言者の死後、遺言書が複数出てきて相続トラブルを引き起こすことがあります。

親が遺言書を取り消して新たに残す場合は次の点に注意するように伝えてあげてください。

① 自筆証書遺言の場合

・**自分の手元に遺言書がある場合**
新たに遺言書を残したら、古い遺言書をシュレッターにかけるなどして破棄する。

・**他者に遺言書を預けた場合**
新たに遺言書を残したら、預けた者から古い遺言書を回収して破棄する。回収ができない場合は、上記の事項を入れた遺言書を新たに残す。

② 公正証書遺言の場合
遺言書を作成した公証役場に相談の上、新たに公正証書遺言を残すようにする。

6. 遺言を執行する方法

親が残した遺言書の種類によって、遺言執行の手続きは異なります。ここでは自筆証書遺言と公正証書遺言の執行方法について解説します。親が遺言書を残してくれたらスピーディーに遺言書の内容を実現するようにしましょう。

(1) 自筆証書遺言の執行方法

遺言書の効力は、遺言者が死亡したときから発生します。では、あなたが親から自筆証書遺言を預かっていて親が死亡したら、その遺言書を銀行に持っていけば、銀行はただちに名義の書換えや預金の払い戻しに応じるでしょうか。答えは「ノー」です。自筆証書遺言の場合は、銀行に対して相続手続を行なう前にやらなければならないことがあるのです。それは家庭裁判所への「検認」の申立てです。

検認とは、相続人に対して遺言書の存在とその内容を知らせるとともに、遺言書の保存を確実にして後日の変造や隠匿を防ぐ一種の証拠保全手続きです。遺言の有効・無効を判断するものではありません。

205

申立てを受けた家庭裁判所は、

・どのような用紙に何枚で書かれていたか
・どのような筆記具で書かれていたか
・日付、署名、印はどのようになっているか

などを記録して検認調書に記載します。さて、検認が終了したら「検認済証明書」を家庭裁判所に請求してください。この「検認済証明書」は遺言の執行に必要となります。

検認をするには、死亡した遺言者の出生から死亡までがわかるすべての戸籍謄本と相続人全員の戸籍謄本が必要です。この戸籍謄本を取得するのがかなり面倒で時間がかかります（通常1か月から2か月程度）。そのため、検認の準備から終わるまでに2～3か月程度かかります。その間、遺言の執行は一切できません。

そこで、事前に親の戸籍謄本を集めておくことをお勧めします。親の戸籍謄本が手元にあれば検認の準備を大幅に短縮することができます。親の戸籍の集め方については、P1

25「ここがポイント！親の相続人の確認方法」をご覧ください。

第3章　親が死ぬ前に知っておかなければならない「遺言」の話

> ☞ ここがポイント！　自筆証書遺言は勝手に開封してはいけない
>
> 封印されている遺言書の開封は、家庭裁判所で行なう検認のときに行ないます。検認をする前に開けてしまうと、法は5万円以下の過料に処するとしています。
> 実際に過料を支払うことはまれなようですが、検認前に開けてしまうと、他の相続人から「勝手に開けて遺言書を書き換えたのではないか」など疑惑の目を向けられるおそれがあります。十分注意しましょう。

(2) 公正証書遺言の執行方法

公正証書遺言は、自筆証書遺言と違い、検認をする必要がありません。遺言作成のときに、公証人及び証人2名以上が関与する他、原本が公証役場に保管されているので、偽造・変造の危険性がなく、証拠保全をする必要がないからです。

そのため、遺言者が死亡したらただちに遺言を執行することができます。あなたが親の公正証書遺言の正本または謄本を保管していたら、すぐに遺言執行者に連絡を入れてすみやかに遺言を執行するように伝えましょう。また、あなた自身が遺言執行者の場合は、金融機関にただちに遺言を執行する旨を伝えて、具体的な手続きについて金融機関と打合せ

207

をしてください。

> **Column** 親は子どもから相続の話題を切り出してくれることを待っている
>
> 日本経済新聞が読者モニターに「配偶者や子どもが相続に関して話し合いを求めてきたらどう思うか」とアンケートをしたところ次のような結果が出ました。
>
> 「言いにくいことをよく言ってくれたと感謝する」・・・41％
> 「欲を出して欲しくない」・・・・・・・・・・・・・・・・・・・・19％
> 「嫌な気分になる」・・・・・・・・・・・・・・・・・・・・・・・・・9％
> 「子どもの仲が悪いのか心配になる」・・・・・・・・・・3％
> 「わからない」・・・・・・・・・・・・・・・・・・・・・・・・・・・・20％
> 「その他」・・・・・・・・・・・・・・・・・・・・・・・・・・・・・・・8％
>
> 「言いにくいことをよく言ってくれた」という相続の話合いに対して積極的な回答が、「欲を出して欲しくない」「嫌な気分になる」という消極的な回答を上回っています（出典：日本経済新聞平成24年8月15日号）。
>
> あなたは、「子どもから相続の話題を出して欲しい」と望んでいる親が意外と多いと思ったのではないでしょうか。

第3章 親が死ぬ前に知っておかなければならない「遺言」の話

親は自分の死後も子どもたちのことが心配なのです。だから本当は、子どもに自分の相続について話したいのです。しかし、話した後の子どもの反応を想像すると躊躇してしまうのです。一方、子どもは親に相続の話をしにくいと感じています。そこで、話すときのポイントとは、最初に親の今後の希望を聞いてみることです。「体が不自由になったらどのような介護を望むか」「行ってみたい海外はどこか」など聞いてみると、自然と死後の希望の話しに行きつきます。そして、死後の希望を法律文書にしたものが遺言書なのです。いきなり「遺言書を残してください」と言ってはいけません。これでは親に「自分の財産を狙っているのではないか」と思われても仕方ありません。くれぐれも話す順序に注意しましょう。

16 Words 相続で押えておきたい用語

(1) 相続編

① 単純承認

相続人が、一身専属的な権利を除いて、被相続人（死亡した人）の一切の権利義務を無限に承継すること（民法920条）。したがって、単純承認をした相続人は、被相続人に借金があれば、自分の財産から弁済しなければならない。

② 相続放棄

相続人が自らの意思で相続しないことを選択すること。被相続人の財産が債務超過の場合に多く利用される。相続放棄をする相続人は、自己のために相続が開始したことを知ったときから3か月以内に、家庭裁判所に申述しなければならない（民法938条）。相続の放棄をした者は、その相続に関しては、初めから相続人にならなかったものとみなされる（民法939条）。

③ 限定承認

相続した財産の範囲内で被相続人の債務を弁済して、余りがあれば、相続するという制度（民法922条）。家庭裁判所に対して申立が必要である。一見合理的だが、家庭裁判所への申立方法が煩雑であるのと、相続人全員で申立を行なうことが条件のため（民法923条）実際

210

付録

あまり利用されていない。

④ **祭祀財産**
系譜（家系図等）、祭具（位牌、仏壇仏具、神棚、十字架等）、墓地などの祖先祭祀のための財産のこと。祭祀財産は相続と別のルールで祭祀主宰者（祖先の祭祀を主宰すべき者）が承継する（民法897条）。なお、遺言で祭祀主宰者を指定することができる。

⑤ **現物分割**
遺産分割の方法の一つで、不動産等の現物をそのまま配分する方法。

⑥ **換価分割**
遺産分割の方法の一つで、遺産の中の個々の財産を売却して、その代金を配分する方法。

⑦ **代償分割**
遺産分割の方法の一つで、現物を特定の者が取得して、取得した者は他の相続人にその相続分に応じた金銭を支払う方法。

⑧ **遺産分割自由の原則**
遺産分割の当事者全員の合意があれば、法定相続分に合致しない遺産分割や遺言書の内容に反する遺産分割も有効である。

⑨ **一身専属権**
個人の人格・才能や地位と切り離すことができない関係にあるため、相続人等の他人による権利行使・義務の履行を認めるのが不適当な権利義務のこと。そのため、被相続人の一身に専属したものは、相続人に承継されない（民法896条）。

211

⑩成年後見制度

ある人（本人）の判断能力が精神上の障害により不十分な場合に、本人を法律的に保護し、支えるための制度のこと。

たとえば、本人のために遺産分割協議をする必要があっても、本人の判断能力が全くなければ、そのような行為はできないし、判断能力が不十分な場合に本人だけで行うと、本人にとって不利益な結果を招くおそれがある。そのような場合に、家庭裁判所が本人に対する援助者を選び、その援助者が本人のために活動する制度が成年後見制度である。

(2) 遺言編

⑪共同遺言の禁止

法律は夫婦など2人以上の者が同じ証書に遺言をすることを禁止している。このことを共同遺言の禁止という（民法975条）。

⑫負担付遺言

受遺者（遺言によって財産を受け取る者）に、全財産を残す代わりに妻の扶養や介護を義務づけるなど、一定の義務を課した遺言のこと。

⑬予備的遺言

遺言に記した内容が、想定外のことが起きても支障なく実行できる内容の遺言のこと。遺言で財産を受け取ることになっていた相続人が遺言者より先に亡くなった場合、その者に代わってだれが相続するかをあらかじめ記した遺言などが挙げられる。

212

⑭ 検認

検認とは、相続人に対し遺言の存在及びその内容を知らせるとともに、遺言書の形状、加除訂正の状態、日付、署名など検認の日現在における遺言書の内容を明確にして遺言書の偽造・変造を防止するための手続のこと。遺言の有効・無効を判断する手続ではない。

遺言書（公正証書による遺言を除く）の保管者又はこれを発見した相続人は、遺言者の死亡を知った後、遅滞なく遺言書を家庭裁判所に提出して、その「検認」を請求しなければならない。また、封印のある遺言書は、家庭裁判所で相続人等の立会いの上開封しなければならない（民法1004条）。

⑮ 遺留分

一定の相続人のために、相続に際して法律上取得することが保障されている遺産の一定の割合のこと。遺留分を侵害した内容の遺言は法律上有効である。ただし、遺留分権利者が減殺請求を行った場合には、その遺留分を侵害する限度で効力を失うことになる。

⑯ 遺留分減殺請求

遺留分を侵害された者が、贈与又は遺贈を受けた者に対し、相続財産に属する不動産や金銭などの返還を請求することをいう。

著者略歴

馬場一徳（ばばかずのり）

税理士

【略歴】

　序章及び第1章を担当。1965年東京生まれ。一橋大学法学部卒業。筑波大学大学院ビジネス科学研究科博士前期課程修了。住友商事(株)、住宅・都市整備公団、新創税理士法人等を経て、2007年より馬場一徳税理士事務所を開業。東京商工会議所窓口専門相談員（東京税理士会渋谷支部派遣。平成22年～平成24年）。セミナー・研修会等の講師経験が豊富。特にケーススタディ・対話形式による独自スタイルのセミナーは「飽きさせない」「面白い」と好評。

　著書に『キャリアアップを目指す人のための「経理・財務」実務マニュアル　上・下』（共著、税務経理協会）、『法人税実務マニュアル』（共著、税務経理協会）、『マンション建替えの法律と税務』（共著、税務研究会出版局）

　メール　baba@office-baba.jp

竹内豊（たけうちゆたか）

行政書士

【略歴】

　第2章及び第3章を担当。1965年東京都生まれ。中央大学法学部卒業。(株)西武百貨店を経て、2001年より竹内行政書士事務所を開業。遺言書作成・相続手続を専門として活動をする。モットーは「遺言の普及とすみやかな相続手続の実現」。

　市民及び専門家（行政書士、税理士、ファイナンシャル・プランナー等）を対象としたセミナーは「遺言のイメージが変わった」「実践的」と好評を得ている。

　また、ブログで行政書士を対象とした「遺言・相続実務講座」を展開。実務情報を公開し、行政書士開業者、有資格者、受験生の読者は200名を越える。

　著書に、『親が亡くなったあとで困る相続・遺言50』（共著、総合法令出版）、『親に気持ちよく遺言書を準備してもらう本』（日本実業出版社）など。

　また、『週刊朝日』『婦人公論』『週刊SPA！』他に遺言・相続のコメントを寄稿。

　メール　office@t-yutaka.com

親が亡くなる前に知るべき
相続の知識
相続・相続税の傾向と対策～遺言のすすめ

2013年8月15日 初版第1刷発行

著 者	馬場 一德
	竹内 豊
発行者	大坪 嘉春
製版所	美研プリンティング株式会社
印刷所	税経印刷株式会社
製本所	株式会社三森製本所

発行所	東京都新宿区 下落合2丁目5番13号	株式会社 税務経理協会
郵便番号 161-0033	振替 00190-2-187408 FAX (03) 3565-3391	電話 (03) 3953-3301 (編集部) (03) 3953-3325 (営業部)

URL http://www.zeikei.co.jp/
乱丁・落丁の場合はお取替えいたします。

©馬場一德・竹内豊　2013　　　　著者との契約により検印省略

本書を無断で複写複製（コピー）することは、著作権法上の例外を除き、禁じられています。本書をコピーされる場合は、事前に日本複製権センター（JRRC）の許諾を受けてください。
JRRC 〈http://www.jrrc.or.jp　eメール：info@jrrc.or.jp　電話：03-3401-2382〉

Printed in Japan

ISBN 978—4—419—06035—0　C 3032